논리의 숲

생각의 뿌리를 깊고 단단하게 만드는 34가지 이야기 씨앗

논리의 숲

이은경 지음

포레스트북스

생각의 모험을
떠나기 전에

환영합니다!

여러분이 지금 서 있는 곳은 신비로운 논리의 숲이랍니다. 이 숲에는 다섯 가지 특별한 힘이 숨겨져 있어요. 그래서 모험의 길을 하나씩 탐험해 나갈수록 우리의 생각은 더 강하고 영리해질 거예요.

논리의 숲 중심에는 거대하게 빛나는 '논리' 나무가 우뚝 서 있어요. 이 나무는 우리가 하는 모든 멋진 생각의 뿌리가 되어 준답니다! 지금부터 여러분의 모험은 이렇게 진행될 거예요.

1. 판단의 언덕

세상을 똑똑하게 보는 방법을 배우고 무엇이 옳고 그른지 구분하는 힘을 키웁니다.

2. 법칙의 정원

생각에도 규칙이 있다는 걸 알게 될 거예요. 마치 게임의 규칙을 깨우치듯이 말이죠.

3. 추론의 미로

작은 실마리를 발견해 퍼즐을 풀듯이 복잡한 문제를 해결하는 방법을 배웁니다.

4. 오류의 못

생각의 함정에 빠지지 않도록 실수를 피하는 방법을 익혀요.

5. 호소의 계단

내 생각을 멋지게 전달하고 다른 사람을 이해시키는 방법을 배웁니다.

이 모험에 필요한 건 오직 호기심 하나뿐이에요! 활짝 열린 마음으로 논리의 숲을 탐험하다 보면 여러분의 생각은 점점 더 단단해지고 빛나게 될 거예요.

이제 출발할 준비가 됐나요? 이곳에서 펼쳐질 흥미진진한 생각의 여행을 즐겨봅시다!

··· 차례 ···

첫 번째 숲 – 논리

설득과 이해를 위한 사고의 튼튼한 기둥

명확한 결론을 찾아가는 사고의 마침표

논리적 질서를 유지하는 보이지 않는 힘

네 번째 숲 ~ 추론

생각의 씨앗, 논리로 여는 사고의 문

추론 과정에서 발생하는 잘못된 논리 구조

특정 개념에 호소하여 주장을 관철하는 방식

첫 번째 숲 - 논리

설득과
이해를 위한
사고의
튼튼한 기둥

논리는 복잡한 생각 속에서 길을 찾게 해주고 설득력 있는 주장을 펼칠 수 있도록 돕는 사고의 나침반입니다. 혹시 논리라는 말이 어렵게 느껴지나요? 걱정하지 마세요. "왜 그렇게 생각했어?"라는 누군가의 질문에 답해본 적이 있다면 이미 논리의 힘을 발휘하고 있는 거니까요. 사실 우리는 일상에서 끊임없이 논리를 사용하고 있어요. 엄마께 간식을 더 달라고 할 때를 떠올려 보세요. "엄마, 숙제도 다 했고 오늘 시험도 잘 봤어요. 그래서 말인데 초코칩 쿠키를 딱 하나만 더 먹어도 될까요?" 그래요, 바로 이 순간이죠! 근거(숙제 완료, 시험 성공)를 들어 결론(간식 요청)을 이끌어내는 이 과정이 바로 논리적 사고의 시작이랍니다.

첫 번째 숲인 '논리'에서는 명제, 정의, 논증 등과 같은 논리의 기본 틀에 대해 하나씩 탐험해 볼 거예요. 이 여정을 통해 우리는 사고의 힘을 키우고 논리라는 강력한 도구를 손에 넣을 수 있답니다. 그럼 논리의 숲으로 함께 힘찬 발걸음을 내딛어 볼까요?

늑대가 속은 날, 돼지가 이긴 날
- 논리 Logic

〈개미와 베짱이〉, 〈양치기 소년〉, 〈토끼와 거북이〉 같은 이야기, 들어본 적 있나요? 맞아요. 우리가 어릴 때부터 익숙하게 봐온 이 이야기들은 『이솝우화』 속 유명한 작품들이랍니다. 기원전 6세기경 고대 그리스에 살던 이솝Aesop이라는 이야기꾼이 짧지만 강렬한 교훈을 담은 이야기를 통해 지혜를 전했다고 알려져 있어요. 그 이야기를 모은 책이 바로 『이솝우화』고요. 이솝은 복잡한 철학을 풀어놓기보다는 동물과 자연을 주인공으로 삼아 이야기의 구조를 단순화한 덕분에 어린아이부터 노인까지 누구나 쉽게 공감하고 이해할 수 있는 이야기로 오늘날까지 전 세계인의 크나큰 사랑을 받고 있답니다. 수천 년이 지나 대한민국에 사는 우리까지도 여러 번 읽어봤을 정도면 그 인기가 어느 정도인지 짐작할 수 있겠죠?

『이솝우화』가 특별한 이유는 이야기만으로 끝나지 않는다는 점 때문이에요. 그 속에는 우리 일상에 필요한 삶의 교훈과 도덕적 가치가 담겨 있어요. 게다가 복잡한 인간 사회의 모습을 동물이나 사물에 비유해 풍자적으로 표현함으로써 누구나 쉽게 공감할 수 있게 했고요. 어떤 비유였는지 잠시 살펴볼까요? 〈개미와 베짱이〉는 근면과 게으름을 비교하며 부지런함의 중요성을 가르쳐 주고요, 〈토끼와 거북이〉는 자만심이 불러올 위험을 경고하며 꾸준한 노력이 얼마나 중요한지를 일깨워 주고 있어요. 참말로 대단하고 기특한 동물 친구들이에요.

하지만 『이솝우화』의 매력은 이게 전부가 아니에요. 『이솝우화』 곳곳에는 널리 알려진 교훈뿐 아니라 흥미로운 논리적 전개와 추론이 담겨 있답니다. 그렇다면 가만히 있을 수 없죠. 『이솝우화』 속 숨겨진 논리를 찾아내기 위해 지금부터 탐험해 볼 작품은 〈늑대와 돼지〉입니다. 짧고 우스꽝스러운 이야기지만 장면마다 논리가 어떻게 사용되는지 발견하고 나면 깜짝 놀라게 될 거예요. 자 그럼, 늑대와 돼지를 만나러 출발해 볼까요?

어느 가을날, 귀염둥이 돼지 한 마리가 느긋하고 여유롭게 숲속을 뒤뚱거리고 있었어요. 도토리를 실컷 주워 먹어 부른 배를 안고 낙엽 더미에서 뒹굴던 깜찍한 돼지. 그런데 그때, 으르렁거리는 소리가 들려왔습니다. '뭐지?' 날카로운 이빨을 드러내며 다가오는 늑대의 모습은 끔찍했지만 우리의 귀염둥이 돼지, 태연한 척 웃으며 말합니다.

"와, 이게 누구죠? 늑대님, 반가워요. 마침 저는 한가로운 토요일 오후를 보내는 중이었거든요. 심심하던 차에 늑대님이 이렇게 오시니 무진장 반갑습니다. 무슨 일이신가요?"

"우리 둘을 위한 특별하고도 환상적인 장소를 알고 있는데 너와 함께 가고 싶어. 숲 깊숙한 곳에 도토리가 산더미처럼 쌓인 장소를 발견했거든."

'숲속에 그런 곳이 있다고?' 돼지는 의문이 생겼지만 아무렇지 않은 척, 순진한 표정으로 고개를 끄덕였습니다.

"와, 정말요? 완벽히 저를 위한 곳이네요. 늑대님, 그곳까지 안내를 부탁드리겠습니다!"

늑대는 속으로 쾌재를 부르며 앞장서 걸었습니다. 돼지는 천천히 뒤따르며 늑대의 행동을 주의 깊게 관찰하기 시작했어요. '도토리를 좋아한다고? 늑대가?' 이상하다는 생각이 들기 시작한 돼지는 '늑대는 지금 거짓말을 하고 있어. 분명히 나를 잡아먹으려는 속셈일 거야'라는 결론을 내렸습니다. 그리고 찬찬히 숨을 고른 뒤 차분하게 말을 꺼냈습니다.

"늑대님, 사실 저희 집 근처에 어마어마하게 큰 굴이 하나 있어요. 그 안에 도토리가 정말 가득한 데다가 제가 자주 숨는 곳이라 안전하기도 하답니다. 이왕 이렇게 나선 김에 그곳에 함께 가보는 건 어떨까요?"

늑대는 만족스러운 표정을 지었고 둘은 돼지가 소개한 그 굴로 향했습니다.

"자, 여기예요! 바로 이 굴 안에 도토리가 가득하답니다. 어서 들어가 보세요."

저런…. 조금의 의심도 없었던 늑대가 굴 안으로 뛰어든 순간, 늑대는 꼼짝달싹할 수 없게 되었답니다. 굴속은 사냥꾼이 설치한 덫으로 가득 차 있었거든요. 늑대는 덫에 걸려 발버둥을 쳤지만 빠져나올 수 없었고 돼지는 멀찍이 물러나 씩 웃으며 말했습니다.

"캬아, 늑대님, 좋으시죠? 이제 도토리 실컷 드세요!"

늑대의 성난 목소리가 온 숲과 굴 안에 울려 퍼졌지만 돼지는 자신의 지혜와 논리를 떠올리며 기분 좋게 발걸음을 옮겼습니다. 저 멀리, 따뜻한 집이 우리의 귀염둥이 돼지를 기다리고 있으니까요.

생각을 빛내줄 비밀 도구

귀염둥이 돼지가 늑대에게 잡아먹힐 위기에 처했을 때, 여러분이라면 어떻게 했을까요? 일단 좀 뛸까요? 아니면 숨을 곳을 찾아볼까요? 그런데 이 깜찍한 돼지는 도망치거나 겁먹고 숨기만 하지 않았어요. '논리'라는 강력한 무기를 사용해 멋지게 탈출에 성공한 우리의 돼지에게 박수를! 자, 그럼 귀염둥이 돼지가 탈출하도록 도와준 무기들을 하나씩 살펴볼까요?

먼저 돼지는 상황을 분석했어요. '늑대는 작은 동물을 사냥한다. 나는 작은 동물이다. 따라서 늑대는 나를 사냥하려고 할 거야!' 돼지는 귀납적 추론을 통해 자신에게 닥쳐올 위험을 예상하고 바로 행동에 들어갔어요. '늑대가 나를 사냥하려 한다면 내가 먼저 움직여야 해!'라며 상황을 주도적으로 바꿔나간 거죠. 그다음, 돼지는 가정적 추론을 활용했어요. '만약 늑대가 매력적인 제안을 받는다면 그 제안에 따라올 거야'라고 가정한 돼지는 늑대를 덫이 있는 굴로 유인했어요. 그리고 그 계획은 완벽히 성공했죠!

생긴 것만 멀쩡한 늑대는 돼지의 제안에 넘어가 자기 발로 덫에 빠지는 치명적인 실수를 저질렀죠. 여기서 끝이 아니에요.

이 지점에서 귀염둥이 돼지의 전략은 한층 더 빛났어요. 돼지는 늑대를 안심시키기 위해 일부러 속아 넘어가는 척을 했으니까요. '저는 아무것도 몰라요, 늑대님'이라는 콘셉트로 순진한 척 연기를 한 거죠. 논리를 이용해 늑대의 경계를 허물고 그를 자신의 계획대로 움직이게 만든 것이랍니다. 순진해 보이기만 했던 돼지가 얼마나 똑똑한지 느껴지죠?

이제 정말 끝인 줄 알았죠? 천만에요. 돼지는 단순히 늑대를 속이는 데 그치지 않고 상황 자체를 바꿔버렸어요. 숲이라는 늑대에게 유리한 공간에서 굴이라는 늑대에게 불리한 공간으로 유도한 거죠. 상대의 강점이 약점으로 변하도록 만든 돼지의 결과 예측 능력은 셜록 홈즈 형님도 울고 갈 정도랍니다. 결국 돼지는 본능이 아닌 치밀한 논리적 사고와 전략으로 위기를 극복했어요. 반대로 늑대는 욕심과 성급함으로 인해 스스로 위험에 빠졌죠. 위기 상황에서 논리적 사고와 침착함이 얼마나 강력한 무기가 될 수 있는지 똑똑히 보여준 우리의 귀염둥이 친구 돼지에게 박수를 보냅니다.

돼지가 사용했던 강력한 무기인 논리는 우리의 일상 대화에서도 훌륭한 소통의 도구로 활용된답니다. 예를 들어 친구가 "초코맛 아이스크림이 세상에서 제일 맛있어!"라고 말한다고 해볼게요. 만약 친구가 "초콜릿의 달콤한 맛과 부드러운 질감 때문에 입에서 녹는 듯한 느낌이 들어"라고 말하면 여러분도 '오, 한번 먹어보고 싶다!'라고 생각할 수 있을 거예요. 하지만 친구가 "그냥 맛있어! 일단 먹어봐, 와, 진짜라니까, 먹어, 먹어, 먹어봐"라고만 한다면 '도대체 뭐가 어떻길래 계속 먹으라는 거야'라며 갸우뚱하고 말겠죠.

돼지가 늑대에게 속지 않고 오히려 늑대를 자신의 계획대로 움직이게 했던 것처럼 우리도 논리라는 무기를 제대로 알고 적재적소에 활용하면, 복잡하게 꼬인 문제를 스르륵 해결하고 어려운 상황에서도 넘치는 자신감을 가질 수 있을 거예요. 우리의 귀염둥이 돼지가 그랬듯 여러분 또한 일상의 문제들 앞에서 논리라는 무기를 장착하고 해결해 내길 기대합니다.

이은경쌤이 뽑은 한마디

사리분별(事理分別)

사리분별은 사실과 논리에 따라 옳고 그름을 구분하는 능력을 말합니다. 친구와 다툼이 있을 때도 내가 화가 나서 이렇게 행동하는 건 아닌지 생각해 보면 감정을 가라앉히고 현명하게 대처할 수 있겠죠. 우리의 일상엔 늘 크고 작은 선택이 있어요. 그럴 때 감정에 휘둘리지 않고 이게 맞는 말인지, 내가 제대로 판단하고 있는지 한 번 멈춰서 논리적으로 생각해 보면 더 똑똑한 결정을 내릴 수 있을 거예요.

ISTJ와 ENFP의 제주 여행 다시 보기
- 명제Proposition

┌ 데이터로 살펴보는 제주 여행 필수 코스 BEST 4 ┐

출처 : 블로그 '여행은 통계다'

작성자 : 숫자와 정보로 승부하는 ISTJ 김정보

1. 성산 일출봉

제주도 동쪽 끝에 위치하며 높이는 $182m$. 유네스코 세계자연유산으로 지정되어 있고 화산폭발로 만들어진 오름. 입장료는 어린이 기준 2,000원이며, 정상 등반에는 성인 기준 약 25분

정도 소요됨. 정상에 오르면 360도로 펼쳐지는 바다와 해안선 감상이 가능함. 연간 약 200만 명의 관광객이 방문하는 제주도 대표 관광지 중 하나.

2. 만장굴

제주시 구좌읍에 위치한 거대한 용암동굴. 총 길이 7.4km로, 그중 1km 구간을 관광객에게 개방하고 있음. 동굴 내부 온도는 연중 일정해 여름에는 시원하고 겨울에는 따뜻한 편. 입장료는 어린이 기준 3,000원이며 관람 시간은 약 40분 정도. 내부에는 높이 약 7.6m의 용암 석주가 있어 세계적으로도 희귀한 자연 유산으로 꼽힘.

3. 한라산 국립공원

제주도의 중앙에 위치한 우리나라에서 가장 높은 산. 해발 1,947m 높이로 트레킹 코스는 초급, 중급, 고급 코스로 나뉨. 공원 내에는 180여 종의 희귀 식물이 서식하며 유네스코 생물권 보전지역으로 지정된 자연 생태계의 보고임.

4. 협재 해수욕장

제주도 서쪽에 위치한 해변으로 수심이 얕고 경사가 완만해서 아이들도 안전하게 물놀이 가능. 해변 주변으로 카페와 편의 시설이 잘 갖춰져 있으며 수상레저 체험도 가능함. 무료 주차장이 있어 접근성이 좋은 편. 맑고 푸른 바다 덕분에 여름철에는 국내외 관광객 약 100만 명이 찾는 인기 해수욕장임.

┌ 제주에서 찾은 꿈과 모험의 순간들 ┐
출처 : 블로그 '두근두근 감성 여행'
작성자 : 감성 가득한 ENFP 박감성

와아아아아아아아아, 제주공항에 살포시 착륙함과 동시에 분출하는 이 설렘! 창밖으로 보이는 푸른 하늘과 넓은 들판에 제 심장이 마구 날뛰기 시작했어요. 심장아, 제발 좀 얌전히 있어줄래?

첫날, 제일 처음으로 방문한 성산 일출봉은 거대한 모래성인가 싶을 만큼 어마어마한 자태로 감동을 선사해 주었어요. 비록 오르막길이 힘들어 살짝 짜증이 날 뻔했지만 정상에 도착해 시원하게 펼쳐진 바다 풍경을 마주하니 숨이 막힐 정도였어요. 정신 차리자, 나야.

"와, 이래서 다들 제주, 제주 하는구나!"

다음 날 아침 일찍 일어나 그 유명한 만장굴에 갔는데 와, 이러기 있나요? 마치 마법의 세계로 순간 이동한 느낌이랄까. 동굴 안은 신비로움 그 자체였고 동굴 벽에 새겨진 용암의 흔적들은 제게 자연의 비밀을 소곤소곤 고백하는 것 같았어요.

그리고 다음 날 이어진 한라산 트래킹은 제 인생의 수많은 도전 중 감히 최고라고 꼽고 싶습니다. 무지하게 힘들었지만 결코 포기하고 싶지 않았어요. 산 중턱에서 만난 사람들과 으쌰으쌰 응원하며 올라갔는데요, 정상에 도착했을 때의 성취감은 말로 표현할 수 없을 만큼 짜릿했답니다.

제주 여행의 마지막 날, 협재 해수욕장에서 보낸 시간은 정말 꿈같았어요. 하얀 모래사장, 에메랄드빛 바다, 패들보드 체험까지! 해 질 무렵 물감으로 그린 듯한 해넘이를 보며 너무 감탄한 나머지 눈물까지 찔끔 날 뻔한 거 있죠. 하지만 오션뷰 카페 창가 자리에 앉아 눈물을 흘리면 남자친구와 헤어졌냐는 의심을 받을까 봐 꾹 참았습니다.

여러분도 제주 여행을 꼭 한번 경험해 보세요. 평생 잊지 못할 추억이 될 거예요!

명제, 참인지 거짓인지 결정해 드립니다

명제라는 단어, 조금 낯설게 느껴지나요? 뭔가 딱딱하고 어려운 수학 용어 같지만 사실 명제는 '참인지, 거짓인지 확실히 판단할 수 있는 문장'을 뜻하는 아주 간단한 개념이에요. 예를 들어 '오늘 저녁에 피자가 배달 온다'라는 문장은 명제예요. 왜냐하면 피자가 오면 '참', 안 오면 '거짓'이라는 답을 알 수 있으니까요. 반면에 '피자는 세상에서 제일 맛있는 음식이야'라는 문장은 명제가 아니에요. 왜냐하면 이건 누가 먹느냐에 따라 달라질 수 있기 때문에 참인지 아닌지를 가릴 수 없거든요.

명제인지 아닌지 헷갈릴 땐 실제 문장 예시를 살펴보면 확실해요. '고래는 포유류다'라는 문장은 명제예요. 참인지 거짓인지 딱 알 수 있으니까요. 또 '세종대왕은 여자다'라는 문장도 명제예요. 왜냐하면 이건 거짓이라고 확실히 판단할 수 있거든요. 반면 '이 꽃은 세상에서 가장 예쁘다'는 명제가 아니에요. 어떤 꽃이 가장 예쁜지는 사람마다 다르게 느끼는 것이라 참과 거짓을 가릴 수 없거든요.

앞서 살펴본 블로그 '여행은 통계다'는 데이터를 기반으로 구체적인 정보를 제시하며 '성산 일출봉의 높이는 $182m$'처럼 참과 거짓을 판단할 수 있는 명제를 다룹니다. 반면 '두근두근 감성 여행'은 '성산 일출봉에 오르니 숨이 막힐 정도로 감동적이었다' 같은 주관적인 표현이 주를 이룹니다. 전자는 명제의 특성을 보여주고 후자는 감성과 의견을 중심으로 이야기를 풀어내죠.

일상에서 명제를 잘 활용하려면 참인지 거짓인지 확인할 수 있는 근거가 있는지 살펴보는 습관이 중요해요. 여기서 중요한 건, 명제는 '참'이든 '거짓'이든 딱 하나로 구분할 수 있기만 하면 된다는 점이에요. 거짓임이 확실하다면 아무리 말이 안 되는 문장도 명제가 맞습니다.

명제는 생각을 논리적으로 정리할 수 있게 해주고 다른 사람의 주장을 분석하거나 자신의 의견을 설득력 있게 전달할 때 도움이 돼요. 단순히 '이게 최고야!'라고 말하는 것보다 '이건 이런 기준에서 이렇게 평가받았다'라고 말하는 게 훨씬 설득력이 있겠죠? 명제는 우리가 일상에서 흔히 놓치는 사실과 의견의 차이를 명확히 구분하게 도와주는 든든한 도구랍니다.

이은경쌤이 뽑은 한마디

말만 듣고 떡 먹는다
확인되지 않은 정보나 의견을 사실로 받아들이는 행동이 얼마나 위험한지 경고하는 말이에요. 누군가의 말을 그대로 믿어버리면 잘못된 판단으로 이어질 수도 있겠죠? 그래서 어떤 주장이 진짜 사실인지 아닌지를 따져보고 근거를 확인하는 과정이 꼭 필요해요. 이런 습관이 없다면 중요한 순간에 실수할 가능성이 커질 수 있답니다. 상대의 말이 명제인지 아닌지 판단하는 습관의 중요성, 잊지 마세요!

1파운드의 살점
- 개념과 정의Concept and Definition

'윌리엄 셰익스피어William Shakespeare'를 아시나요? 혹시 잘 모르겠다면 〈로미오와 줄리엣〉, 〈한여름 밤의 꿈〉, 〈햄릿〉, 〈베니스의 상인〉 같은 작품은 들어봤나요? 네, 맞아요. 바로 이 작품들을 지어낸 작가가 바로 윌리엄 셰익스피어랍니다. 셰익스피어는 고전 문학의 거장으로 시대를 초월한 교훈과 매혹적인 캐릭터들로 수백 년 동안 전 세계인의 사랑을 받아오고 있답니다.

오늘 우리가 함께 살펴볼 셰익스피어의 흥미진진한 작품 〈베니스의 상인〉은 베니스를 배경으로 펼쳐지는 거래와 복수,

정의와 사랑의 이야기를 담고 있어요. 베니스는 이탈리아 북부에 위치한 물의 도시로 운하와 고풍스러운 건축물이 매력적인 곳이랍니다. 아드리아해 연안에 자리 잡고 있어 과거에는 유럽과 동양을 잇는 중요한 무역 중심지였고 독특한 수상 교통과 풍부한 역사 덕분에 지금까지도 전 세계 관광객들에게 사랑받는 도시입니다. 이 아름답고 활기찬 도시를 배경으로 펼쳐지는 〈베니스의 상인〉 중에서도 '1파운드의 살점'이라는 기묘한 계약 조건에서 시작된 흥미진진한 논쟁이 바로 오늘 우리가 함께 살펴볼 이야기랍니다.

베니스의 부유한 상인 안토니오는 친구 바사니오를 돕기 위해 돈을 빌리기로 결심합니다. 바사니오는 아름답고 지혜로운 여인 포셔에게 청혼하려고 했지만 결혼 자금이 부족했거든요. 안토니오는 그런 친구를 돕고 싶었지만 마침 자신의 재산이 모두 배에 실린 채 항해 중이어서 당장은 현금이 없었습니다. 고민하던 그는 평소 사이가 좋지 않았던 고리대금업자 샤일록을 찾아가 도움을 요청하게 됩니다. 이쯤에서 서서히 불길한 예감이 들죠, 여러분?

샤일록은 평소 안토니오가 자신을 무시해 왔다며 속으로 벼르던 중이었기 때문에 제 발로 찾아온 이 기회를 놓치지 않기로 마음먹습니다. 아, 불길해, 불길해. 그는 돈을 빌려주는 대신 기묘한 계약을 제시합니다. '돈을 갚지 못하면 너의 살점을 1파운드 가져가겠다'라는 조건이었죠. 그 말을 들은 사람들은 깜짝 놀라 수군거렸지만 정작 샤일록은 소름 끼칠 만큼 태연하게 웃으며 말했습니다.

"농담 같은 계약 아닙니까? 당신은 분명 돈을 갚을 테니 걱정할 필요는 없어요."

안토니오도 참, 이런 계약에 동의하면 어떡한답니까? 사람 좋은 안토니오는 이 조건을 허풍이겠거니, 가볍게 받아들였고 순순히 계약서에 서명한 후 돈을 빌립니다. 이런, 이런. 지금 저만 불길한 거 아니죠? 그래요, 배가 무사히 도착만 하면 아무 일도 일어나지 않을 거예요.

몇 달 후, 불길했던 우리의 예감은 현실이 됩니다. 안토니오의 배가 폭풍으로 인해 난파되어 그는 약속한 돈을 갚을 수 없는 처지에 놓이고 말았어요. 이 소식을 들은 샤일록은 잔인한 미소를 지으며 계약서를 손에 들고 의기양양하게 등장합니다.

"이제 내 권리를 가져야겠군요. 약속한 대로 당신의 살점을 정확히 1파운드 베어내겠습니다."

이 충격적인 요구는 모두를 경악하게 만들었습니다. 안토니오도 이제야 상황의 심각성을 깨달았지만 계약서는 법적으로 유효했기에 사건은 법정으로 넘어갔고, 베니스 시민들 모두가 숨죽이며 이 기묘한 사건의 행방을 지켜볼 수 밖에 없었습니다. 법정에 선 샤일록은 계약서를 높이 흔들며 주장합니다.

"여기에 분명히 적혀 있습니다. '1파운드의 살점'. 이건 법적으로 보장된 제 권리입니다. 지금 당장 실행하도록 허락해 주십시오."

그의 눈빛에는 복수의 욕망이 가득했습니다. 그런데 그 순간, 변호사로 변장한 포셔가 등장합니다. 그녀는 침착하게 계약서를 살펴본 뒤, 여유로운 미소를 지으며 말합니다.

"좋습니다. 계약 조건에 따라 1파운드의 살점을 가져가세요. 하지만 여기에 '피'에 대한 언급은 없습니다. 따라서 살점을 베어낼 때 피를 한 방울도 흘리지 않아야 합니다."

샤일록은 순간 멍한 표정을 지었습니다. '피를 흘리지 않고 살점만 베어낸다니, 그게 가능한 일이야?' 그는 흥분하며 항의했지만, 포셔는 단호했습니다.

"계약은 계약입니다. 당신이 주장한 권리를 행사하려면 계약서에 명시된 대로 해야죠. 피를 흘린다면 법을 위반한 것으로 간주하겠습니다."

법정은 술렁였고 샤일록의 얼굴은 점점 창백해졌습니다. 결국 샤일록은 자신의 주장을 철회할 수밖에 없었고 베니스 시민들은 포셔의 기지와 정의로운 판결에 큰 박수를 보냈습니다. 샤일록은 '1파운드의 살점'이라는 계약 조건을 과소 평가했지만 그 개념과 정의의 모호함을 논리적으로 이용해 통쾌하게 사건을 뒤집어낸 포셔 덕분에 시원한 복수를 할 수 있었답니다. 포셔, 좀 멋진데?

정확한 정의가 만드는 똑똑한 사고

모든 생각과 대화는 '개념'과 '정의'에서 시작돼요. 개념은 어떤 것을 이해하거나 설명하기 위한 기본 아이디어고, 정의는 그 개념을 명확하게 표현하는 규칙이에요. '학교'라는 개념을 떠올려 보세요. 학교는 '학생들이 공부하는 곳'이라는 정의로 설명할 수 있죠. 이렇게 정의가 분명하면 서로의 생각을 쉽게 나누고 대화를 매끄럽게 이어갈 수 있어요. 하지만 정의가 불분명하거나 서로 다르게 이해된다면 큰 혼란이 생길 수 있답니다. 〈베니스의 상인〉에서 '1파운드의 살점'이라는 단순한 문구가 얼마나 큰 문제를 불러일으켰는지 생각해 보세요.

사실 우리는 매일 개념과 정의를 자연스럽게 사용하고 있어요. 예를 들어 친구에게 "이따가 만나자"라며 약속했다고 해볼게요. 그런데 '이따가'가 몇 시를 의미하는지 정의하지 않으면 나는 저녁 6시, 친구는 밤 9시를 떠올릴 수 있죠. 사소해 보이는 단어 하나 때문에 혼란이 생기는 거예요. 정의는 우리의 일상을 체계적으로 만드는 데에 큰 역할을 해요. 학교에서 배우는 수학 공식을 생각해 보세요. '삼각형'이라는 개념을 정의하지 않고는 삼각형의 넓이를 구할 수 없어요. 삼각형이란 '세 변으로 이루어진 도형'이라는 정의를 먼저 이해해야 높이를 구하고, 높이와 밑변과 곱한 뒤 2로 나누는 넓이 공식도 알 수 있겠죠. 만약 삼각형의 개념이 애매하다면 수학 문제를 풀 때 큰 혼란을 겪게 될 거예요. 그래서 정의는 복잡한 문제를 해결하는 첫걸음이랍니다.

운동경기에서 팀을 나눌 때도 정의가 사용되죠. '공정함'이라는 개념이 서로 다르게 정의된다면 불만이 생길 수밖에 없어요. 선생님이 정하는 것이 공정한 건지, 반장이 정하는 게 공정한 건지, 모두의 의견을 따르는 게 공정한 건지 등에 관한 합의가 먼저 필요해요. 정의가 명확해야 모두가 납득할 수 있는 결과를 얻을 수 있으니까요. 그래서 정의를 분명히 하면 할수록 우리는 더 공정하고 합리적인 결정을 내릴 수 있어요.

또, 정의는 소통을 더 쉽고 정확하게 만들어줘요. 친구와 영화를 보러 가서 나는 웃긴 장면이 많아서 재밌다고 생각했는데, 친구는 긴장감 넘치는 장면이 많아서 재밌다고 느꼈다면요? 이 럴 땐 '너는 어떤 영화가 재미있다고 생각해?'라는 질문을 통해 서로가 가진 '재밌다'의 정의를 명확히 하면 오해 없이 정확한 소통이 가능하겠죠.

이제 어떤 단어나 문장을 사용할 때 '내가 이걸 어떻게 정의 하고 있지?'라고 스스로에게 물어보세요. 이 작은 질문이 여러 분의 사고를 훨씬 명료하게 만들어줄 거예요. 더 똑똑하고 공 정하게 세상을 이해하는 첫걸음, 바로 개념과 정의에서 시작된 답니다!

> **이은경쌤이 뽑은 한마디**
>
> **정명사상(正名思想)**
> '이름을 바르게 한다'라는 뜻으로 공자가 강조한 개념과 정의의 중요성을 잘 보 여주는 철학이에요. 사물이나 사람의 이름, 즉 명칭이 그 본질과 정확히 일치해 야 한다는 원칙에 기반하고 있죠. 만약 명칭이 명확하지 않다면 혼란과 오해가 발생할 수밖에 없어요. 예를 들어 '리더'라는 이름이 제대로 정의되지 않으면 팀 에서 누가 무엇을 해야 하는지 혼란이 생길 수 있어요. 리더가 모두의 의견을 조율하는 사람인지, 아니면 최종적으로 결정을 내리는 사람인지 명확하지 않 다면 서로 다른 기대와 오해 때문에 갈등이 일어날 수도 있으니까요.

학생인권조례, 어떻게 바라봐야 할까?

- 논증Reasoning

| 스튜디오 |

　사회자 : 여러분, 안녕하십니까? 오늘 이 자리는 다가오는 대통령 선거를 앞두고 후보자들의 비전을 직접 듣고 비교할 수 있는 대선 후보 공개 토론회입니다. 특히 오늘은 학생, 학부모, 교사 등 우리 사회의 모든 구성원이 관심을 가질 수밖에 없는 '학생인권조례'를 주제로 대통령 후보 세 분의 입장과 공약을 들어볼 예정입니다. 이 토론은 단순히 후보 간의 논쟁을 넘어서, 우리 아이들의 미래와 교육의 방향성을 고민하는 귀중한 시

간이 될 것입니다.

그럼, 첫 번째 질문으로 시작해 보겠습니다! 학생의 인권과 학교의 질서가 충돌하는 문제를 어떻게 해결해야 할까요? 1번 정명호 후보님, 먼저 말씀해 주시죠.

1번 정명호 후보 : 저는 학생인권조례가 반드시 필요하다고 생각합니다. 그 이유는 간단합니다. 학생도 한 사람의 시민으로서 기본적인 권리를 존중받아야 하기 때문입니다. 통계에 따르면 학생인권조례가 도입된 지역에서 학교폭력 신고율이 30% 이상 증가했습니다. 이는 학생들이 더 이상 억눌리지 않고 자신의 목소리를 낼 수 있는 환경이 조성되었음을 보여줍니다.

2번 송도약 후보 : 정명호 후보님 말씀에 공감하는 부분도 있지만, 저는 학생인권조례를 지나치게 확대할 경우 학교의 질서와 교권이 약화될 수 있다고 봅니다. 실제로 몇몇 학교에서 학생들이 조례를 악용해 교사의 정당한 지도를 거부하는 사례가 보고되었습니다. 학생인권조례가 필요한 건 인정하지만 그 범위와 적용 방식을 신중히 재검토해야 합니다. 학생들의 권리를 보장하면서도 학교 질서가 유지될 수 있도록 조화로운 방안을 마련해야 합니다.

3번 박비전 후보 : 두 분의 의견 잘 들었습니다. 저는 학생인권조례가 오히려 학생들을 더 위험에 빠뜨릴 수 있다고 생각합니다. 조례를 통해 교사의 지도 권한이 제한되면서 학교폭력 문제를 예방하기가 더 어려워질 수 있다는 것이지요. 국제적으로 유사한 사례를 살펴보면 일부 유럽 국가에서 학생 인권을 강조한 정책이 도입된 이후, 교내 폭력 사건이 증가했다는 통계자료도 있습니다. 학생인권조례를 지지하는 분들께 묻고 싶습니다. 우리가 진정으로 보호하려는 것이 학생의 권리인가요, 아니면 단순히 법적 명분에 지나지 않는 것인가요?

| 실시간 채팅창 |

[coolguy88] 1번 후보는 통계로 설득하니까 더 신뢰가 가네.

[논리덕후짱짱] 2번 후보는 교권 약화 사례를 들어서 그런지 논리가 탄탄하다.

[globalview98] 3번 후보는 국제 사례를 언급해서 설득력이 두 배는 더해진 느낌!

[생각뽀짝이] 이건 학생과 교사 모두의 입장을 살펴봐야 할 문제네. 근거가 다 좋으니 더 헷갈린다.

[logicfan03] 와, 이런 토론이라면 논리 배우고 싶다. 세 분 모두 근거는 인정!

[학교대표만두] 3번 후보, 교권 문제는 공감되는데 학생의 입장에 대

한 근거도 있었으면 좋았을 듯.

사회자 : 네, 세 후보님의 논리적인 토론, 그리고 실시간 채팅창을 통한 유권자님들의 적극적인 참여 감사드립니다. 학생인권조례는 여전히 다양한 시각이 존재하는 만큼 유권자분들의 깊은 고민이 필요할 것 같습니다. 다음 공개 토론회는 2월 23일 오후 8시에 열리며 주제는 '청년 일자리 정책'입니다. 청년 세대의 미래를 위한 비전을 함께 고민하는 시간이 될 예정이니 많은 관심과 참여 부탁드립니다. 감사합니다!

논증, 우리의 대화를 바꿀 수 있는 도구

논증은 어떤 주장이 옳다고 설득하기 위해 이유와 근거를 들어 차근차근 설명하는 과정이에요. '내 말이 맞아, 무조건!'이라고 우기는 것과는 정반대의 성격을 띤 논리적 과정이죠.

대선 후보 토론에서 각 후보가 '학생인권조례는 필요하다' 혹은 '학생인권조례는 필요 없다'라고 주장만 했다면, 그 말은 공허하게 들렸을 거예요. 하지만 후보들은 각자의 주장을 뒷받침하기 위해 구체적인 근거를 제시하며 설득력을 더했죠. 어떤 근거가 있었는지 볼까요? 정명호 후보는 학생인권조례가 학교 폭력 신고율을 30% 이상 증가시켰다는 통계를 내세우며 효과를 강조했어요. 송도약 후보는 교사 지도에 반발한 사례를 들어 조례가 교권 약화와 학교 질서에 미칠 부작용을 지적했죠. 마지막 박비전 후보는 유럽 국가의 사례를 인용해 학생인권조례가 교내 폭력 증가 같은 역효과를 낼 수 있다고 경고했어요. 이렇게 통계, 사례, 국제적 비교를 활용한 논증은 단순한 주장과 다르게 논리적인 설득력을 가지며 듣는 사람에게 신뢰를 줍니다.

우리의 일상에서도 논증은 자주 등장해요. 친구에게 "오후에 도서관에 가자"라고 제안할 때 "시험이 얼마 안 남았고, 도서관에서는 집중이 잘 되니까 공부하기에 좋아"라고 설득한다면 친구가 이해하고 동의하기 쉽겠죠? 반대로 "그냥 가자니까!"라는 말만 반복한다면 친구는 '왜?'라는 의문만 남기고 결국 동의하지는 않을 가능성이 높아요.

논증은 현명한 판단을 내리는 데도 큰 도움을 줘요. 만약 부모님께서 "스마트폰 사용 시간을 줄여야 할 것 같구나"라는 말씀을 꺼내셨다고 해볼게요. 갑자기 좀 긴장되죠? 이유도 없이 불쑥 이 말만 들으면 억울하기도 하고요. 그럴 땐 차분히 여쭤보세요. "왜 갑자기 줄여야 하죠? 저는 공부를 끝낸 뒤 스마트폰으로 게임을 하면 스트레스가 풀리고 기분이 좋아지는데요." 그러면 부모님께서 "스마트폰을 오래 사용하면 집중력이 떨어지고, 눈이 나빠지거나 수면이 부족해질 수 있어. 하루 다섯 시간 이상 사용하는 청소년은 학업 성취도가 낮아진다는 연구 결과도 있단다"라고 매우 친절하게 답해주실 거예요. 이렇게까지 근거를 들어 설명하시면 스마트폰 사용 시간을 살짝 줄여야 할 듯한 슬픔 예감이 듭니다만 어쩔 수 있나요, 부모님 말씀이 구구절절 다 맞는걸요.

논증은 우리의 생각과 대화를 논리적으로 정리하고 설득력 있는 대화를 만드는 데 없어서는 안 될 도구예요. 누군가와 의견을 나눌 땐 주장만 내놓지 말고 근거를 함께 제시해 보세요. 상대방이 내 주장에 대한 이해도가 높아지면서 대화도 훨씬 매끄러워질 거예요. 논증은 단순히 멋진 말이 아니라 우리의 대화를 더 깊고 풍부하게 만들어주는 강력한 무기랍니다.

> **이은경쌤이 뽑은 한마디**
>
> **근거지신(根據之信)**
> 근거가 있어야 믿음을 얻는다는 뜻으로 어떤 주장이든 타당한 이유와 증거를 제시했을 때 비로소 설득력을 갖는다는 교훈을 담고 있습니다. 논리적 사고와 설득의 기본 원칙을 상징적으로 보여주는 사자성어이지요. 명확한 근거를 통해 상대방이 공감하고 납득할 수 있는 논리를 제시해야 비로소 신뢰를 얻을 수 있음을 강조하는 표현입니다.

두 번째 숲 - 판단

명확한 결론을
찾아가는
사고의 마침표

판단은 우리가 세상을 이해하고 올바른 결정을 내리기 위해 반드시 거쳐야 할 중요한 사고의 과정입니다. 혹시 판단이 어렵게 느껴질 때가 있나요? 걱정하지 마세요. '이 말이 맞는 걸까?', '이 행동이 옳은 걸까?'라는 의문을 가져본 적이 있다면 이미 판단의 첫걸음을 내딛은 거니까요.

판단은 참과 거짓, 옳고 그름을 구분하는 능력을 길러주고 우리의 생각을 더욱 명확하게 만들어주는 도구입니다. 단지 '맞다', '틀리다'를 말하는 것이 아니라 다양한 정보를 분석하고 스스로 결론을 내리는 과정이지요.

판단의 숲에서는 참과 거짓을 구분하는 기준, 긍정과 부정의 차이, 주관적인 관점과 객관적인 관점의 균형, 분석적인 방법과 종합적인 방법, 상대적 평가와 절대적 평가를 탐구할 거예요. 이 여정을 통해 우리의 생각을 더 명확히 표현하고 다른 사람을 설득할 힘을 얻을 수 있답니다.

자, 판단의 숲으로 함께 발걸음을 내딛어볼까요?
여러분의 생각이 한층 더 깊고 날카로워질 시간입니다!

저는 아기의 엄마가 아닙니다
- 참과 거짓Truth and Falsehood

안녕하십니까. 〈이것이 알고 싶다〉 진행을 맡은 김진현입니다.

오늘은 오랜 세월 동안 전해 내려온 우리 모두에게 깊은 질문을 던지는 한 사건을 다뤄보려 합니다. 진실과 거짓, 그리고 인간의 본성이 얽힌 사건 속으로 들어가 보시죠.

기원전 10세기경, 이스라엘 왕국의 솔로몬 왕은 지혜와 공정함으로 명성을 떨친 재판관이었습니다. 그런데 그의 법정에 장 여인과 박 여인이 한 아기를 안고 나타납니다. 두 사람은 서로 그 아기가 자기 아기라고 주장하며 왕 앞에서 목소리를 높였습니다. 모두가 숨죽인 법정에서 솔로몬은 의자에 기대어 앉아 한참 동안 깊은 생각에 잠겼습니다.

잠시 후, 그는 무겁게 입을 열었습니다.

"아기를 정확히 둘로 나누어라. 그 둘을 하나씩 나눠 가지면 공평하지 않겠는가."

순간 법정 안은 싸늘하게 얼어붙었습니다. 어둠 같은 침묵 속에서 사람들의 시선은 솔로몬의 날카로운 눈빛으로 향했지요. 그의 단호한 얼굴에서는 어떤 감정도 찾아보기 어려웠습니다.

"당장 칼을 가져와라!"

솔로몬의 목소리는 단호했고 말끝에는 비장함이 느껴졌습니다. 수행관이 서둘러 커다란 칼을 들고 오자 둘 중 한 여인이 갑자기 비명을 지르며 무릎을 꿇었습니다. 장 여인이었습니다.

"폐하, 아니 되옵니다. 아기 엄마인 저 여자에게 아기를 주세요! 저는 아기를 갖지 못해도 괜찮으니 제발 아기만은 살려주세요! 저는 이 아기의 엄마가 아닙니다."

장 여인이 하염없이 쏟아낸 눈물은 바닥을 흠뻑 적셨고, 그녀의 울부짖음은 법정을 가득 메웠습니다. 바들바들 떨며 바닥을 움켜쥔 그녀의 손끝에는 간절함이 가득했습니다.

그 시간 박 여인은 팔짱을 끼고 짝다리를 짚은 채 뒤로 물러서 있었습니다. 그녀의 입가에는 희미한 미소가 맴돌았지만 기쁨의 감정을 전혀 찾아보기 어려운 차가운 미소였습니다. 이 여인, 정체가 도대체 뭐죠? 목소리도 카랑카랑합니다.

"폐하의 말씀이 옳습니다. 저 아기의 엄마는 제가 확실하지만 서로 자기 아기가 맞다 하니 아기를 반반씩 나누면 공평하겠지요."

그녀는 냉정한 목소리로 말을 이었고 사람들은 다시 한번 술렁이기 시작했습니다.

솔로몬은 두 여인을 번갈아 바라보았습니다. 장 여인의 눈물 젖은 얼굴과 절규는 진심으로 아기를 살리고 싶어 하는 어머니의 모습이었습니다. 반면 박 여인의 표정은 차갑고 고요했습니다. 그는 천천히 자리에서 일어나 박 여인에게 시선을 고정한 채 말했습니다.

"장 여인에게 아기를 돌려주어라."

"아니, 왜죠? 저 여인은 방금 본인은 아기의 엄마가 아니라고 하지 않았습니까? 그런데 왜 아기를 저 여자에게 주려고 하십니까?"

"진짜 어머니는 아기를 위해 모든 것을 포기할 수 있는 사람이다."

법정 안은 다시 고요해졌습니다. 사람들의 시선은 모두 솔로몬과 장 여인, 그리고 그녀의 품으로 돌아간 아기에게로 향했습니다. 박 여인은 아무 말도 하지 못했고 장 여인은 아기를 끌어안은 채 끝없는 안도의 눈물을 흘렸습니다.

솔로몬은 자리에 앉으며 눈을 감고 말했습니다.

"진실은 말로 드러나지 않는다. 진심은 행동으로 증명되는 법이다."

이 재판은 단순히 한 아기의 어머니를 찾는 데 그치지 않았습니다. 솔로몬은 이 재판을 통해 사랑이란 무엇인지, 진실이 어떻게 드러나는지를 강렬하게 보여주었습니다. 진실을 밝히는 과정은 항상 쉽지 않지만 그것이 가장 중요한 이유는 진실만이 올바른 결과를 만들어내기 때문입니다.

오늘날에도 우리는 참과 거짓의 경계에 서는 상황을 마주합니다. 그럴 때마다 진실을 위해 때로는 희생이 필요하다는 것을 받아들일 준비가 되어 있어야 하지 않을까요? 진실을 추구하는 것은 단순히 옳고 그름을 가리는 것을 넘어 세상을 더 공정하고 정의롭게 만드는 첫걸음이기 때문입니다.

지금까지 〈이것이 알고 싶다〉의 김진현이었습니다.

참과 거짓은 어떻게 구분할 수 있을까?

참과 거짓을 구분하는 일은 우리 일상에서 정말 자주 일어납니다. 누군가 "내일 네가 좋아할 만한 선물을 준비할게"라고 말했는데 그 약속을 지키지 않으면 우리는 그 사람이 처음부터 진실을 말했는지, 아니면 거짓말을 한 건지 고민하게 되죠. 이건 단순히 사실 여부를 따지는 걸 넘어서 사람의 마음과 행동을 이해해야 하는 복잡한 문제이기도 해요.

솔로몬 왕의 재판 이야기를 떠올려 볼까요? 두 여인이 한 아기를 두고 자기 아기라고 주장했을 때, 솔로몬은 두 여인의 참과 거짓을 가려야겠다는 결심을 하게 되죠. 한 아기의 엄마가 둘일 수 없으니 둘 중 한 사람은 거짓말을 하는 게 분명하니까요. 솔로몬은 이런 막막한 상황에서 두 여인의 행동을 주의 깊게 관찰했어요. 그리고 아기를 살리기 위해 자신의 권리를 포기하려는 한 여인의 진심을 통해 진짜 어머니를 찾아냈죠. 역시, 지혜의 왕 솔로몬 맞네요. 참과 거짓이 드러나게 만드는 상황을 설정해 참과 거짓을 명백하게 구분한 지혜에 감탄하지 않을 수가 없답니다.

우리도 일상에서 참과 거짓을 구분해야 하는 상황을 자주 만날 거예요. 친구가 "이 인형 뽑기 기계는 무조건 당첨돼!"라고 말해서 용돈을 몽땅 썼는데, 계속 꽝만 나온다면 어떨까요? 친구에게 속았다는 생각이 들겠죠. 그런데 처음에 '진짜? 무조건 당첨되는 기계가 있을 리가 있나?'라고 친구의 말을 한 번만 의심해 봤다면, 용돈을 다 쓰는 실수는 피할 수 있었을 거예요. 참과 거짓을 가리는 건 불필요한 손해를 막을 뿐 아니라 더 현명한 결정을 내리게 도와준답니다.

현실에서 참과 거짓을 명확히 구분하지 않으면 단순히 실망으로 끝나지 않는 더 심각한 문제들이 생길 수 있어요. 요즘 뉴스에 자주 등장하는 보이스피싱이 대표적이죠. 보이스피싱 범죄자는 "당신 계좌에서 이상 거래가 감지되었습니다. 즉시 확인해야 합니다" 같은 말을 하며 사람들을 겁에 질리게 만듭니다. 이런 말을 듣고 당황한 사람들은 진위를 따져보지 못한 채 개인정보를 넘기거나 돈을 송금하곤 하죠. 하지만 조금만 차분히 생각해 본다면 은행이나 공공기관이 전화로 개인정보를 묻지 않는다는 사실을 알아챌 수 있을 거예요.

또 참과 거짓을 구분하는 습관이 없다면 사기꾼들의 달콤한 말에 속아 넘어가기 쉽습니다. "이 코인에 투자하면 100배의 수익을 낼 수 있습니다"라는 말에 설득당해 전 재산을 잃는 사람도 있잖아요. 사기꾼들은 보통 사람들의 욕망이나 두려움을 이용해 논리적으로 따져볼 겨를도 없이 빠르게 결정을 내리도록 유도합니다. 이런 상황에서 참과 거짓을 따져볼 냉철한 사고가 없다면 그 결과는 너무나도 치명적일 수밖에 없어요.

그래서 참과 거짓을 구분하려는 논리적 습관은 단순히 똑똑한 사람이 되기 위한 도구가 아니라 우리를 지키는 방패와 같아요. 누군가의 말을 듣고 '정말일까? 이 밑에 근거가 있나?' 하고 한 번 더 질문을 던지는 태도는 잘못된 정보를 피할 수 있는 보호막이 되어준답니다.

이은경쌤이 뽑은 한마디

빛은 아무리 가려도 새어 나온다
진실은 아무리 숨기려 해도 결국 드러나게 된다는 의미입니다. 시험 답안을 조작하거나, 거짓 알리바이를 만들거나, 가짜뉴스를 퍼뜨리더라도 거짓은 늘 어딘가에서 균열을 드러냅니다. 진실은 스스로 빛을 발하며 거짓의 장막을 뚫고 나오기 때문이죠. 이 말은 어려운 상황에서도 정직과 진실을 지키는 것이 왜 중요한지를 강하게 일깨워 줍니다. 비록 순간적으로는 거짓이 이기는 것처럼 보여도 결국 진실이야말로 가장 강력한 힘임을 잊지 말아야 합니다.

주변에서 흔히 볼 수 있는 건가요?
- 긍정과 부정 Affirmation and Negation

6학년 5반 교실, 꼬르륵 소리가 울려 퍼지는 3교시. 담임 선생님의 집중력 강화용 필살기가 등장합니다.

"자, 오늘은 스무고개 퀴즈를 해볼까요? 오늘 스무고개를 맞힌 사람은 급식 시간에 1등으로 먹을 수 있어요!" 선생님께서 말씀하시자 교실은 금새 활기로 가득해졌답니다. 역시, 공부하기 싫을 땐 퀴즈만 한 게 없다고요!

첫 번째 문제, 시작! 교실은 긴장감으로 팽팽해집니다. "이것은 무엇일까요?"라는 질문과 함께 선생님께서 답변으로 알려주시는 '네', '아니요' 힌트가 하나씩 공개되기 시작했어요. 두근두근, 과연 정답은 무엇일까요? 우리도 교실에 앉아 있는 친구들처럼 스무고개 퀴즈에 함께 도전해 볼까요?

Q. 이것은 무엇일까요?

1. 사람이 먹을 수 있는 건가요? 아니요

2. 주변에서 흔히 볼 수 있는 건가요? 네

3. 다리가 달렸나요? 네

4. 다리가 네 개인가요? 아니요

5. 색깔이 다양한가요? 네

6. 크기가 사람보다 큰가요? 아니요

7. 집 안에서도 볼 수 있나요? 네

8. 살아서 움직이는 건가요? 아니요

9. 모습이 달라지기도 하나요? 네

10. 집 밖에 가지고 다닐 수 있는 건가요? 네

11. 모든 사람이 사용하는 것인가요? 아니요

오답 : 의자? 책상? 강아지?

정답 : 안경!

첫 번째 퀴즈의 정답을 맞힌 수인이를 부러운 눈으로 쳐다봤지만 우리에겐 또 한 번의 기회가 있답니다. 이번엔 내가 맞히고야 말 테다! 곧이어 다음 문제가 공개됐어요.

Q. 이것은 무엇일까요?

1. 사람이 먹을 수 있는 건가요? 아니요

2. 우리의 주변에서 자주 볼 수 있는 건가요? 네

3. 스스로 움직일 수 있나요? 아니요

4. 우리가 일상에서 사용하는 물건인가요? 네

5. 크기가 손바닥보다 큰가요? 아니요

6. 색이 다양한가요? 네

7. 집 밖에 있는 건가요? 아니요

8. 모양이 둥근가요? 네

9. 몸에 직접 끼우는 건가요? 아니요

10. 가방에 달고 다니는 건가요? 아니요

11. 옷에 달려 있나요? 네

오답 : 이어폰? 동전? 구슬? 열쇠고리?

정답 : 단추

이번 문제는 지훈이의 승리였습니다. 수인이와 지훈이가 차례로 정답을 맞히자 선생님께서 밝게 웃으며 말씀하셨어요.

"역시 우리 반 친구들, 정말 대단하네요! 집중력도 좋고 창의력도 뛰어나고요!"

친구들은 정답을 맞힌 두 사람을 부러운 눈으로 바라보며 박수를 보냈습니다. 교실은 웃음과 응원의 목소리로 가득 찼고 게임이 끝난 뒤에도 아이들은 스무고개 문제를 떠올리며 즐거운 대화를 이어갔답니다. 여러분은 정답을 맞혔나요? 그렇다면 각각 몇 번째 힌트에서 정답을 눈치챌 수 있었나요?

스무고개에서 배운 문제 해결의 비밀

긍정과 부정은 우리가 일상에서 자주 사용하는 강력한 사고 도구예요. 긍정은 어떤 사실이나 주장에 동의하거나 인정하는 것을, 부정은 그것을 거부하거나 아니라고 판단하는 것을 뜻하죠. 예를 들어 친구가 "이 책 정말 재밌지?"라고 물었을 때, "응, 정말 재밌어!"라고 대답하면 긍정이고 "아니, 난 별로였어"라고 대답하면 부정이에요. 이제 막 말을 배우기 시작한 아기들도 대답할 수 있을 만큼 간단한 표현들이지만 '긍정과 부정'이라는 논리는 우리의 대화와 판단을 명확하게 정리해 주는 역할을 한답니다.

긍정과 부정을 적절히 활용하면 생각을 정리하고, 문제를 해결하며, 더 나은 결론에 도달할 수 있습니다. 수학 문제를 풀 때 "이 숫자를 더하면 10이 될까?"라는 질문에 "아니요"라는 부정의 답을 얻으면 다른 방법을 시도함으로써 답에 더 가까워질 수 있는 것처럼요.

정확한 긍정과 부정은 스무고개 퀴즈를 푸는 핵심이에요. "그 물건은 움직이나요?"라는 질문에 "아니요"라는 부정의 답을 들으면 우리는 자연스럽게 생각의 범위를 좁혀나갈 수 있어요. 이어서 "그 물건은 둥근가요?"라는 질문에 "네"라는 긍정의 답을 얻으면, 주변의 여러 사물 중 둥근 물건에 초점을 맞출 수 있죠. 이 과정은 단순히 정답에 가까워지는 일을 넘어서 우리의 사고를 논리적으로 정리하고 문제를 해결하는 데 필요한 능력을 길러줍니다. 선생님께서 스무고개 퀴즈를 통해 알려주고 싶었던 것도 이런 점일 거예요. 질문을 통해 정보를 정리하고 긍정과 부정을 활용해 생각의 방향을 좁혀가는 능력 말이죠. 이렇게 긍정과 부정은 우리가 더 명확한 판단을 내리고 문제를 해결하는 데 없어서는 안 될 도구가 된답니다.

긍정과 부정을 명확히 표현하지 않으면 어떻게 될까요? 스무고개 퀴즈에서 "그 물건은 움직이나요?"라는 질문에 "글쎄요"

라고 애매하게 답한다면 문제 해결의 방향이 흐려지고 정답에 도달하기까지 더 많은 시간이 걸릴 거예요.

이는 단순한 퀴즈뿐만 아니라 우리의 일상에서도 마찬가지랍니다. 친구가 "오늘 만나서 같이 숙제할까?"라고 물었을 때 "글쎄…"처럼 애매한 대답을 한다면 친구는 만나기로 한 건지 아닌지 몰라 혼란스러워할 거고 '나와 함께 숙제하는 게 싫은가?'라는 불필요한 오해를 생기게 할 수도 있어요.

따라서 긍정과 부정을 명확히 표현하는 것은 단순히 대화를 매끄럽게 만드는 것을 넘어 생각과 행동을 정리하고 더 나은 선택으로 이어지게 도와주는 중요한 습관이랍니다. 스무고개에서 '네'와 '아니요'로 정답에 가까워지는 것처럼 우리의 일상에서도 명확한 표현이 상황을 해결하는 열쇠가 된답니다.

이은경쌤이 뽑은 한마디

양자택일(兩者擇一)

두 가지 중 하나를 선택하는 상황을 뜻합니다. 하나를 택하면 다른 하나는 포기해야 하기에, 그 선택은 종종 우리의 태도나 가치를 보여주는 거울이 되죠. '긍정'과 '부정'의 태도 역시 마찬가지입니다. 삶의 크고 작은 순간에서 우리는 받아들이거나 거부하는 선택의 기로에 자주 서게 됩니다. 이때 중요한 건 애매모호하게 중간에 머물러 있지 않는 거예요. 명확한 입장을 택하고, 그 선택에 책임을 지며 나아가는 것이 더 나은 결정을 이끄는 길이니까요.

모든 양반이 그렇지는 않습니다요
- 특칭과 전칭 Particular Statement and Universal Statement

옛날 옛적, 깊은 산골짜기 백양골이라는 마을이 있었습니다. 이곳은 사시사철 맑은 개울이 졸졸 흐르고 푸른 논밭이 한눈에 펼쳐지는 조용하고 평화로운 곳이었죠.

그런데 이 마을에는 조금 독특한 점이 있었다지요? 바로 다른 마을보다 유독 양반이 많았다는 겁니다. 양반들은 저마다 기와집을 차지하고 으스대곤 했답니다. 마을 사람들은 농사일을 하며 성실히 살았지만 양반들은 손에 흙 묻히기를 싫어해 시를 읊거나 깊은 사색에 잠기는 척하며 시간을 보냈죠.

하지만 양반 중에서도 유난스레 눈살을 찌푸리게 만드는 이들이 있었으니, 바로 '헐랭이 삼총사'라 불리는 양반 셋이었습니다. 첫 번째 양반은 '양반은 허드렛일을 하면 안 된다'라며 마을 사람들에게 다짜고짜 쌀 좀 내놓으라고 생떼를 쓰는 사람이었지요. 두 번째 양반은 '내가 글 좀 한다'라며 허풍을 떨었지만 막상 글을 써보라 하면 한참을 더듬거리기 일쑤였답니다. 세 번째 양반은 어찌나 돈을 빌리고 갚지 않던지 마을 사람들 사이에선 '돈 꾸러 다니는 도사'라며 손가락질을 받았지요.

어느 날 세 양반에 관한 소문을 들은 우리의 다혈질 아버지 곽 씨가 그만 폭발하고 말았습니다. 사람들이 옹기종기 모여 빨래를 하고 있는데, 곽 씨가 헐레벌떡 달려오더니 마을이 떠나갈 만큼 큰소리로 외쳤지요.

"여러분! 양반들이란 놈들은 다 엉망인 줄이나 아시오! 남의 쌀을 빌려 가놓고는 낼름 입을 닦아버리지, 글자도 못 쓰면서 아는 척을 해대질 않나, 잘난 척하더니 돈은 빌리고 안 갚는 놈들이오. 에잇!"

빨랫방망이를 들고 있던 아낙네들이 깜짝 놀라 입을 떡 벌렸습니다.

"어머, 정말요? 양반들이 그런 짓을 한다고요?"

"겉으론 점잖은 척하더니 뒤로는 엉망진창이구먼!"

사람들이 수군거리며 곽 씨의 말에 휩쓸리기 시작했지요. 다혈질 곽 씨는 기세가 등등해져 주먹을 불끈 쥐며 더욱 큰 소리로 말했습니다.

"양반이란 놈들은 죄다 도둑놈에 멍청이들이여!"

그런데 이 모든 광경을 지켜보던 곽 씨의 아들 정길이가 조용히 한숨을 내쉬며 말했습니다.

"아버지, 잠깐만요. 양반이라고 다 그런 건 아니잖아요."

"안 그렇다니? 눈앞의 세 놈만 봐도 다 저 모양 저 꼴인데 뭐가 아니란 말이냐!"

"그 세 명의 양반이 문제인 거지, 모든 양반이 그런 건 아니잖아요. 고을 학자님이나 마을 일 도와주는 분들도 모두 좋은 양반인걸요?"

"음… 그러고 보니, 그런 분들도 있긴 하지."

"그러니까요. 겨우 세 명의 양반들 때문에 나머지 사람들까지 욕하면 안 되죠."

곽 씨는 그제야 고개를 끄덕이며 웃음을 터뜨렸습니다.

"내 새끼 똑똑한 것 좀 보게! 그래, 내가 과장이 심했군. 그 헐렁이 삼총사 세 양반만 탓하면 될 일을 말이야! 역시 넌 이 애비를 쏙 빼닮아 똑 부러지는구나!"

정길이는 자신의 말을 듣고 태도를 바꾼 아버지를 보며 속으로 다짐했지요.

'모두가 그런 건 아니라고 차분히 짚어주는 것만으로도 오해를 풀 수 있구나. 일부만 보고 모두가 그렇다고 단정짓지 않는 건 정말 중요한 태도야. 내가 우리 아버지의 저 펄쩍 뛰는 모습만 가지고 아버지를 싫어하거나 무시하지 않는 것처럼! 그러고 보면 다혈질 우리 아버지도 좀 귀여운 구석이 있다니까?'

전칭의 함정, 특칭의 지혜

특칭과 전칭은 어려워보일 수도 있지만 사실은 일상에서 아주 흔히 사용하는 개념이에요. 특칭은 특정한 일부를 지칭하는 표현이고, 전칭은 전체를 포괄하는 표현이거든요. 예를 들어볼까요? '이 고양이는 사람을 좋아해'라는 문장은 특칭이고 '모든 고양이는 사람을 좋아해'라는 문장은 전칭이에요. 또 친구가 "수학 선생님은 엄격해"라고 말하면, 우리는 특정 선생님 한 분을 떠올리죠. 그런데 친구가 "우리 학교 선생님은 엄격해"라고 말하면 학교 전체가 무서운 곳처럼 느껴지지 않을까요? 특칭은 '누구'나 '어떤 상황'이라는 구체적인 대상을 가리키지만, 전칭은 말 그대로 모든 것을 포함하려 하기에 훨씬 강한 인상을 남깁니다.

이 강력한 전칭 표현에는 위험이 따를 수밖에 없어요. '모든 학생은 게임을 좋아해'라는 문장을 생각해 볼게요. 이 말은 마치 모든 학생이 게임에 열광하는 것처럼 들리지만 단 한 명의 학생이라도 "난 게임 싫어!"라고 한다면 이 수상은 무너지게 됩니다. 전칭은 말의 힘을 강하게 만들어주는 대신 예외에 취약하다는 단점이 있다는 걸 알 수 있겠죠? 그래서 잘못 사용하면 오해가 생기거나 심지어 논리가 무너질 수도 있답니다.

반면 특칭은 훨씬 더 세심하고 신중한 표현이에요. '어떤 학생들은 게임을 좋아해'라고 하면 이 말은 특정한 학생들만을 가리키기 때문에 훨씬 구체적이고 신뢰가 갑니다. 듣는 사람도 그 주장을 쉽게 받아들일 수 있죠. 특칭은 마치 필요한 부분만 정확히 짚어주는 스나이퍼 같은 논리 도구라 할 수 있어요. 반대로 전칭은 한 번에 모든 것을 포괄하려는 대범한 작전과 같고요.

특칭은 구체적인 상황을 다룰 때 유용하고, 전칭은 강력한 주장이나 일반적인 원칙을 말할 때 효과적이에요. 하지만 둘 중 어느 하나만 고집하면 오해나 논리적 오류를 초래할 수 있답니다. 결국 중요한 건 이 두 가지를 상황에 맞게 균형 있게 사용하는 거예요. 큰 그림을 보여줘야 할 때는 전칭을, 구체적이고 신뢰를 주고 싶을 때는 특칭을 사용하는 것이죠.

특칭과 전칭은 성급한 일반화의 오류와 깊은 관련이 있어요. 성급한 일반화는 특칭을 전칭으로 잘못 확장할 때 발생하는데요. '어떤 학생은 수학을 싫어한다'라는 특칭인데 이를 곧바로 '모든 학생은 수학을 싫어한다'라는 전칭으로 바꾼다면 성급한 일반화의 오류에 빠지게 됩니다. 말하거나 판단할 때, 특칭과 전칭의 차이를 잘 이해하고 사용한다면 성급한 일반화 같은 논리적 오류를 예방할 수 있을 거예요.

숲을 보지 못하고 나무만 본다

이 속담은 부분에만 집중하다 전체를 놓치는 어리석음을 경고하는 말입니다. 나무 하나하나를 들여다보는 건 중요하지만 나무에만 매몰되다 보면 숲 전체의 구조와 흐름을 놓칠 수 있죠. 이는 우리가 문제를 바라볼 때 특칭과 전칭을 어떻게 활용하느냐와도 깊은 연관이 있습니다. 세부적인 것을 깊이 파악하되 전체적인 맥락 속에서 그 의미를 이해하려고 노력해야 합니다. 그렇게 할 때 작은 실수에 얽매이지 않고 더 큰 그림을 그릴 수 있기 때문이죠.

나의 아버지, 충무공 이순신
- 주관적 판단과 객관적 판단
Subjective Judgment and Objective Judgment

존경하는 아버님께,

아버님, 저는 아버님께서 항상 자랑스럽게 여기셨던 아들이자 아버님을 닮고자 애쓰는 아들 회입니다. 오늘도 아침이 밝았사옵니다. 그러나 아버님께서 계시지 않은 세상은 여전히 서늘하고 제 마음 한구석은 허전하옵니다. 아버님께서는 늘 새벽같이 일어나 나라를 걱정하시고 백성을 돌보시며 하루를 시작하셨지요. 그 모습을 곁에서 지켜보았던 저는 아버님이 얼마나 위대한 분이셨는지, 동시에 얼마나 고독한 분이셨는지 이제야 깊이 깨닫사옵니다.

아버님께서는 나라를 지키기 위해 너무나도 많은 희생을 치르셨지요. 그 험난한 길에 관직에서 쫓겨나시고 억울한 누명을 쓰셨을 때, 제가 아무것도 해드리지 못했던 것이 지금도 가슴 아프옵니다. 그때 아버님께서 해주셨던 "나라를 위해 목숨을 바치는 것은 부끄러운 일이 아니다. 오직 백성과 군사가 중요할 뿐이다"라는 말씀이 떠오르옵니다. 어찌 그리 강인할 수 있으셨는지요. 저라면 감당할 수 없었을 고통과 비난 속에서도 한 치의 흔들림 없이 본분을 지켜내셨던 그 모습이 자랑스럽고 또 그립사옵니다.

아버님께서 쓰신 편지들 속에는 언제나 나라와 백성에 대한 걱정뿐이셨사옵니다. 개인의 억울함이나 분노는 결코 드러내지 않으셨지요. 제가 어렸을 적 아버님께서 말씀하시던 '나라를 먼저 생각하라'라는 가르침이 무엇을 의미하는지 그때는 다 헤아리지 못했습니다. 그러나 이제는 알고 있사옵니다. 그것은 곧 아버님 자신이셨겠지요. 아버님께서는 몇몇 관료들의 모함으로 관직에서 쫓겨나셨을 때나 억울한 처우를 받으셨을 때도 결코 그 자리를 저버리지 않으셨사옵니다.

후대의 사람들이 반드시 아버님을 깊이 존경하고 역사가 아버님의 이름을 빛나는 업적으로 길이 기록할 것을 확신합니다.

지금 이 순간 억울함과 고통 속에서도 아버님께서 지키고자 하신 그 진심과 가치는 결국 세월이 흘러 어떤 것으로도 가려지지 않는 진실한 빛으로 드러날 것이옵니다.

특히 아버님께서 남기신 해전 기록과 전술은 단지 우리 조선뿐 아니라 다른 나라에서도 높이 평가받고 있사옵니다. 일본의 역사서조차 아버님의 전략과 용맹함을 인정하며 그 이름을 두려움과 존경의 대상으로 기록했다고 하옵니다. '이순신이 아니었다면 일본은 훨씬 더 쉽게 한반도를 점령했을 것이다'라는 기록은 적국에서조차 아버님의 존재가 얼마나 큰 영향을 미쳤는지 보여주는 증거라 할 수 있사옵니다.

또한 서양의 역사학자들도 아버님을 '세계 해전사에서 가장 위대한 해군 제독 중 한 명'으로 언급하고 있다 들었습니다. 특히 열두 척의 배로 133척을 상대하며 승리한 명량해전은 세계 전쟁사에서도 보기 드문 전술적 승리로 평가받고 있지요. 그들은 아버님의 전술을 '지략과 결단력이 만든 기적'이라고 부르며, 아버님의 이름을 넬슨 제독, 야마모토 이소로쿠와 나란히 놓고 높이 평가하고 있다 하옵니다.

또한 아버님께서 백성과 군사를 위해 남기신 정신적 유산은 군사적 성취를 넘어 이 나라의 정체성과 자긍심의 기둥이 되었사옵니다. 아버님의 삶과 죽음을 기리며 세워진 충무공 이순신

동상은 단순한 기념물이 아니옵니다. 그것은 아버님께서 온몸으로 지키셨던 이 나라의 자유와 자주를 드러내는 상징물이옵니다. 이렇게 아버님에 대한 평가가 이 땅을 넘어 세계와 역사의 기록으로 이어지는 것을 바라보는 제 마음은 더없이 자랑스럽사옵니다. 아버님의 이름이 시간과 공간을 넘어 세상을 밝히고 있다는 사실이 제가 아버님의 아들로서 살아갈 이유와 목표를 다시금 깨닫게 합니다.

아버님, 제가 아버님 곁에서 더 오래 머물 수 있었다면 얼마나 좋았을까요. 저는 아직도 아버님의 목소리가 생생하게 들리는 것 같사옵니다. "오직 나라를 위해 살고, 죽음을 두려워하지 말아라"라는 말씀은 저의 길잡이가 되었사옵니다. 이제 저는 아버님의 이름이 이 나라에서 영원히 기억될 것이라 믿습니다. 아버님의 충정이, 아버님의 사랑이 이 백성들에게, 그리고 이 땅에 깊이 새겨질 것이라 확신합니다.

그리운 아버님, 저는 아버님의 아들임을 자랑스럽게 여기며 살고 있습니다. 앞으로도 아버님께서 걸어가신 길을 따라 충심을 잃지 않는 사람이 되겠사옵니다.

존경과 사랑을 담아
아들 이 회 올림

같은 상황을 바라보는 두 가지 시선

주관적 판단이란 자신의 감정이나 경험에 따라 생각하는 것을 말합니다. 예를 들어 친구가 그린 그림을 보고 "내가 좋아하는 색깔이 들어 있어서 예뻐!"라고 말하는 건 주관적인 판단이에요. 반면 객관적 판단은 개인의 감정을 배제하고 사실과 증거를 바탕으로 판단하는 것을 말하죠. 같은 그림을 보고 "이 그림은 구도가 안정적이고 보색 대비가 두드러져"라고 말하면 객관적인 판단에 가까워요. 이렇게 두 가지 판단 방식은 우리가 세상을 바라보고 이해하는 데 각각 다른 역할을 합니다.

역사 속 이순신 장군의 생애는 주관적 판단과 객관적 판단의 차이를 잘 보여주고 있어요. 당시 이순신 장군은 일부 사람들의 주관적인 판단 때문에 억울하게 관직에서 쫓겨나기도 했답니다. '너무 고집이 세다'거나 '상관의 말을 듣지 않는다'라는 이유였죠. 하지만 이순신 장군은 그런 평가에 흔들리지 않고 나라를 지키기 위해 묵묵히 자신의 일을 해냈어요. 결국 그의 업적은 시간이 지나 객관적으로 평가받았고 오늘날 그는 모두가 존경하는 '충무공'으로 기억되고 있답니다. 이처럼 주관적 판단은 때로는 누군가를 오해하거나 억울한 상황에 놓이게 만들 수 있어요. 반면, 객관적 판단은 진실을 더 명확히 보고 공정한 결정을 내리는 데 도움을 줍니다.

주관적 판단은 감정과 경험을 바탕으로 하기 때문에 창의적이고 유연한 접근을 가능하게 해요. 어떤 문제를 해결할 때 개인의 경험에서 나온 독특한 아이디어가 빛을 발할 수 있죠. 하지만 주관적 판단은 편견이나 선입견에 좌우될 위험도 있어요. 나에게 아무리 효과적인 방법이라도 모든 상황에 적용될 수는 없으니까요.

객관적 판단은 검증 가능한 사실과 데이터를 바탕으로 이루어지기 때문에 공정하고 합리적인 결론을 내리기에 적합해요. 통계자료를 통해 성공 확률이 높은 방법을 선택하면 보다 안전한 결정을 내릴 수 있죠. 하지만 객관적 판단도 한계가 있어요. 데이터를 과하게 중시하다 보면 창의적인 해결책을 놓칠 수 있고 필요한 데이터가 없을 때는 결정을 내리기 어려울 수도 있답니다. 성공률이 90%인 방법일지라도 모든 상황에 적용될 수는 없으니까요.

논리적 사고를 완성하려면 주관적 판단과 객관적 판단의 균형을 맞추는 게 중요해요. 객관적 판단으로 사실에 기반을 두면서도, 주관적 판단을 통해 개별적인 통찰력과 창의성을 더할 수 있어야 해요. 데이터를 통해 문제의 전반적인 흐름을 파악하되 개인의 경험과 현장 상황을 반영한다면 더 깊이 있는 결론에 도달할 수 있답니다. 결국 두 가지 판단 방식은 각각의 강점과 약점을 가지고 있어요. 중요한 건 상황에 맞게 두 방식을 적절히 조화롭게 사용하는 거예요. 객관적 사실을 바탕으로 공정한 판단을 내리되 주관적인 통찰을 더해 사람들의 마음을 이해하고 창의적인 해결책을 찾는 거죠.

이은경쌤이 뽑은 한마디

귀에 걸면 귀걸이, 코에 걸면 코걸이

이 말은 같은 사실도 관점에 따라 완전히 다르게 해석될 수 있다는 걸 보여줍니다. 주관적으로 판단할 때는 자신의 생각이나 감정에 치우쳐 상황을 제대로 보지 못할 때가 많거든요. 감정에 휘둘리지 않고 사실에 기반해 생각하면 갈등을 해결하거나 새로운 길을 찾는 데 큰 도움이 됩니다.

해리 포터, 최후의 계획을 세우다
- 분석과 종합 Analysis and Synthesis

2010년 12월, 해리의 일기

오늘도 펜을 든다.

펜을 든 건 멋져 보이려는 핑계고 사실 복잡한 머릿속을 정리하기 위해 일기장을 펼쳤다. 볼드모트와의 최종 결전을 앞두고 머릿속에 뒤엉킨 여러 생각들을 차분하게 정리해야 할 때가 온 것이다. 최종이라니 만감이 교차한다. 나를 이 세상에 탄생시켜 준 조앤 롤링이라는 작가를 새삼스레 다시 떠올려 본다.

그녀는 정말 대단한 사람이다. 나라는 아이에 관해 무려 일곱 권의 책을 가득 채운 길고 긴 이야기를 만들어냈는데 오늘 일기 장에 적어 내려갈 이야기는 마지막인 '죽음의 성물'에 관한 것 이다. 한마디로 말해 끝판왕이라고 보면 된다.

지금까지의 여정은 쉽지 않았다. 처음엔 호크룩스가 뭔지도 몰랐고 개념조차 생소했지만 그 정제를 하나씩 파헤치고 파괴 해 나가면서 점점 볼드모트와의 연결 고리를 끊어냈다. 이제껏 톰 리들의 일기, 메로프 건트의 반지, 헬가 후플푸프의 잔, 그리 고 살라자르 슬리데린의 로켓을 파괴했다. 그리고 오늘 드디어 레이븐클로의 디아뎀을 찾아냈다.

필요의 방에서 디아뎀을 발견했던 순간이 아직도 생생하다. 수많은 물건 사이에서 은은하게 빛나던 디아뎀을 손에 쥐었을 때 나는 그 차갑고 으스스한 기운에 온몸이 떨렸다. 디아뎀 속 에는 단순한 금속 이상의 뭔가가 깃들어 있었던 것이다. 난 그 걸 바로 불꽃 속에 던졌고 그것이 파괴되는 순간 볼드모트의 영 혼 한 조각이 산산이 부서지는 것을 느꼈다. 그 순간은 짜릿함 과 동시에 안도감을 주었지만 아직 끝나지 않았다는 것을 잘 알 고 있었다.

이제 남은 것은 두 개. 하나는 볼드모트의 애완 뱀 나기니, 나머지 하나는 아직 정확히 무엇인지 알 수 없는 무언가. 네빌

이 나기니를 처리하는 데 중요한 역할을 해줄 거라는 믿음은 있다. 네빌은 언제나 용감했기에 이번에도 그 용기가 빛을 발할 것이다. 하지만 마지막 하나는 여전히 미스터리로 남아 있다. 어쩌면 볼드모트 자신이 그 마지막 조각일지도 모른다는 생각이 머릿속에서 떠나지 않는다. 그렇다면 결국 나는 최후의 결전에 모든 것을 걸어야만 한다.

두렵지 않다면 거짓말이다. 하지만 지금껏 나를 믿어준 사람들이 있고 함께 싸워준 친구들이 있다. 론과 헤르미온느는 오늘도 내 어깨를 두드리며 "너라면 할 수 있어"라고 격려했다. 이 두 사람이 없었다면 나는 여기까지 올 수 없었을 것이다. 그리고 스네이프, 그가 남긴 기억 속 진실들은 나를 더 강하게 만들었다. 그가 내 부모님을 얼마나 사랑했는지 그 사랑이 얼마나 깊고 희생적이었는지를 이제야 온전히 이해할 수 있을 것 같다. 그가 남긴 흔적은 나를 더욱 단단하게 만들었다.

내일은 나기니와 볼드모트, 그리고 그의 어둠의 세력을 상대로 모든 것을 걸어야 한다. 호크룩스는 이제 거의 끝났고 볼드모트도 결국 평범한 마법사로 돌아오게 될 것이다. 준비는 끝났다. 일기를 쓰는 이 순간, 내 마음은 더 단단해지고 있다. 내일의 전투가 어떻게 끝날지는 모르지만 한 가지는 분명하다. 우리는 끝까지 싸울 것이고, 절대 포기하지 않을 것이다. 볼드모트,

내일 보자.

이번 싸움은 내 모든 이야기의 마지막 장을 장식할 예정이다. 이 마지막은 나 혼자가 아니라 모두의 승리를 위한 결말이될 것이다. 내가 걸어온 길에 함께해 준 모든 이들을 위해 반드시 이 전투를 끝내고 돌아올 것이다. 이제 남은 건 내일뿐. 내일, 나는 이 세상에서 가장 사랑했던 사람들, 가장 믿었던 친구들과 함께 마지막 페이지를 써 내려갈 것이다. 그 페이지가 끝나면우리는 어둠 속에서 빛을 찾아냈다고 말할 수 있을 것이다. 그리고 그 빛은 내가 아닌 우리 모두일 것이다.

작은 조각에서 큰 그림까지

분석과 종합은 우리의 사고를 이끌어가는 두 가지 강력한 도구입니다. 분석은 문제를 작은 조각으로 나누어 각각을 깊이 살펴보는 과정이에요. 마치 퍼즐 조각을 하나하나 들여다보며 전체 그림을 유추하려는 것처럼요. 반대로 종합은 그 퍼즐 조각들을 연결해 하나의 큰 그림을 완성하는 작업입니다. 분석과 종합이 마치 자전거의 두 바퀴처럼 함께 움직여야 비로소 사고가 제대로 굴러갈 수 있어요.

해리와 친구들이 볼드모트를 물리치기 위해 했던 작업을 떠올려 보세요. 그들은 먼저 호크룩스의 단서를 찾아 분석했어요. 디아뎀, 나기니, 그리고 볼드모트의 약점을 하나씩 파악했죠. 그런 다음 이 정보를 종합해 '어떻게 이길 것인가?'라는 큰 계획을 세웠습니다. 만약 분석이 없었다면 단서를 찾아낼 수 없었을 테고, 종합이 없었다면 단서를 연결해 최종 전략을 세우는 것도 불가능했을 거예요.

분석은 세부적으로 문제를 나누고 각각의 요소를 이해하는 데 도움을 줍니다. 이를 통해 복잡한 상황 속에서 핵심을 정확히 찾아낼 수 있어요. 하지만 분석만으로는 전체를 파악하기가 어렵습니다. 한 가지 문제의 원인을 분석해 냈다 해도 그것이 다른 요소들과 어떤 관계를 가지는지 모르면 해결책을 도출하기 어렵겠죠.

종합은 분석을 통해 얻은 결과를 연결해 전체적인 맥락을 이해하고 결론을 도출하는 과정입니다. 종합은 큰 틀에서 상황을 파악하고, 이를 바탕으로 새로운 아이디어나 해결책을 제시할 수 있도록 도와주죠. 하지만 종합만으로는 세부적인 문제를 놓칠 수 있어요. 그래서 두 과정을 균형 있게 사용하는 것이 중요합니다.

우리는 일상에서 분석과 종합을 자주 사용합니다. 시험 공부할 때를 생각해 보세요. 공부할 양이 방대하다면 먼저 과목별 시험 범위를 분석해 중요한 내용을 분리해 냅니다. 선생님께서 수업 시간에 강조하셨던 부분, 자주 출제되는 문제 유형 등을 따져보는 거죠. 그 후에는 이 정보를 종합해 큰 흐름을 이해해야 합니다. 분석과 종합이 균형 있는 조화를 이루어야 목표했던 점수에 가까워질 수 있어요. 단순히 외우는 걸 넘어 '이 개념은 이런 식으로 연결되네!'라고 깨닫는 순간 공부는 훨씬 재미있어지니까요.

요리도 마찬가지예요. 맛있는 음식을 만들려면 먼저 각 재료의 특징을 분석해야 해요. 양파는 달콤한 맛을, 소금은 감칠맛을 더해준다는 식의 재료 각각의 특성을 파악한 뒤 이 재료를 어떻게 조합할지 고민하는 게 종합입니다. 분석 없이 재료를 마구 섞는다면 맛이 없을 가능성이 높고 종합 없이 재료만 분석한다면 요리가 완성될 수 없겠죠. 분석과 종합이 함께 어우러질 때 최고의 맛을 낼 수 있는 요리가 탄생합니다.

이 두 가지 사고 과정은 각각의 강점과 역할이 뚜렷하지만 함께할 때 비로소 강력한 힘을 발휘합니다. 분석은 세부적으로 문제를 파헤치는 날카로운 도구이고 종합은 이를 하나로 묶어주는 따뜻한 끈과도 같아요. 복잡한 문제를 해결하고 올바른 결론에 도달하려면 두 과정을 조화롭게 활용해야 합니다. 분석과 종합이 균형을 이루는 사고는 더 깊이 있는 이해와 창의적인 해결책으로 이어질 수 있습니다. 그러니 문제를 만났을 때 먼저 분석을 통해 세부적인 요소를 파악하고, 그다음 종합을 통해 큰 그림을 그려보세요.

이은경쌤이 뽑은 한마디

전후좌우(前後左右)

앞, 뒤, 왼쪽, 오른쪽을 두루 살핀다는 뜻으로 모든 가능성을 꼼꼼히 고려하고 분석한다는 의미를 담고 있습니다. 어떤 문제를 해결할 때 특정 부분에만 집중하지 않고 전체를 종합적으로 이해하라는 교훈을 줍니다. 이는 깊이 있는 사고와 균형 잡힌 판단을 위해 반드시 필요한 태도를 강조하는 표현입니다.

노력은 절대 배신하지 않아

- 상대적과 절대적 Relative Judgment and Absolute Judgment

    열정 중학교 1학년 3반 교실은 지난 한 달, 유난히 뜨거웠습니다. 1학기 첫 영어 수행평가 주제인 '영어로 대한민국 소개하기' 때문이었죠. 학생들은 각자 우리나라의 대표적인 도시, 음식, 문화를 조사하며 발표 연습에 열중했습니다. 그중에서도 유독 영어에 자신이 없었던 민재는 발표라는 단어만 들어도 손이 떨리고 마음이 불안했지만 담임 선생님이자 영어 선생님께서 나눠주셨던 자료와 부모님, 학원 선생님의 응원 덕분에 도서관과 학원을 오가며 한 달 내내 수행평가 준비에 몰두했습니다.

발표문을 외우고 나서는 거울 앞에 서서 자연스러운 손짓까지 연습했죠. 이 정도면 완벽해, 씨익.

드디어 발표 날이 다가왔습니다. 교실은 긴장감으로 가득했고 학생들은 차례를 기다리며 원고를 점검하거나 속삭이며 대화를 나누었죠. 민재는 자신이 준비한 내용을 되뇌며 심호흡을 했습니다. 머릿속에서는 '서울은 대한민국의 수도로, 전 세계적으로 유명한 도시 중 하나입니다'라는 첫 문단의 내용이 또렷하게 흘러갔습니다.

"Hello everyone. Today I'm going to introduce Korea…."

발음은 정확했고 억양도 자연스러웠습니다. 선생님께서도 미소를 띠며 발표를 지켜보셨습니다. 발표를 마치고 자리에 앉은 민재는 한결 가벼운 마음이었지만 머릿속엔 어떤 점수를 받게 될지에 대한 생각이 좀처럼 떠나지 않았습니다.

그런데 이게 무슨 일인가요. 이번 수행평가가 절대평가 방식이라는 사실을 이제야 알게 된 것입니다. '기준 점수만 넘으면 누구나 A를 받을 수 있다'라는 소식에 민재는 한동안 멍해졌습니다. 그동안 우리 반 최고점을 목표로 밤낮없이 준비했던 시간이 허무하게 느껴졌죠. 민재만 그런 건 아니었습니다. 교실 곳곳에서 아이들의 불만이 쏟아졌습니다. 평가 방식에 대한 공지가 확실하지 않았던 탓에 민재와 같은 아이들이 꽤 많았던 것이죠.

"뭐야, 괜히 열심히 했잖아."

불만 섞인 목소리와 투덜거림이 퍼져나가며 교실 분위기는 한층 더 무거워졌습니다. 그때 담임 선생님께서 교실로 들어오셨습니다. 우리 반 학생들의 발표가 정말 훌륭했다며 엄지를 들고 칭찬하셨지만 몇몇 아이들은 여전히 풀죽은 모습이었습니다. 천천히 아이들을 둘러보시던 선생님께서 말씀하셨습니다.

"얘들아, 오늘 발표 정말 잘했던데 왜 다들 그렇게 풀이 죽어 있니?"

조용히 고개를 숙이고 있던 민재가 용기를 내어 말했습니다.

"선생님, 절대평가라서 억울해요. 오늘 평가에서는 참여했던 거의 모든 아이들이 A를 받았잖아요. 이럴 줄 알았으면 적당히 할 걸 그랬나봐요."

선생님께서는 잠시 생각에 잠기시는 듯하더니 이내 부드러운 목소리로 말씀하셨습니다.

"그래, 그렇게 생각할 수도 있지. 하지만 중요한 건 평가 방식이 아니라 너희가 얼마나 최선을 다했는지야. 민재야, 네가 한 달 동안 얼마나 열심히 준비했는지 선생님도 잘 알고 있어. 그리고 네 발표는 정말 훌륭했어. 발음, 내용 구성, 태도까지 모두 완벽했단다. 만약 이번이 상대평가였더라도 넌 충분히 A를 받을 수 있었을 거야.”

민재는 깜짝 놀랐습니다. 선생님의 말씀은 단순한 위로가
아니었습니다. 그 속에는 지금껏 민재가 해왔던 노력에 대한 진
심 어린 인정을 담고 있었죠. 집으로 돌아가는 길, 민재는 조용
히 자신에게 말했습니다. '절대평가든 상대평가든 내가 열심히
한 건 절대 헛되지 않았어. 덕분에 영어 실력도 늘었고, 발표에
대한 자신감도 생겼잖아.'

판단의 균형을 잡기 위해서는

상대적 판단과 절대적 판단은 우리가 삶을 살아가며 자연스
럽게 사용하게 되는 평가 방식이에요. 상대적 판단은 나와 다른
사람을 비교해 내 위치를 파악하는 방식이고 절대적 판단은 정
해진 기준에 따라 평가하는 방법이에요. 이 두 가지 방식은 서
로 다른 장점과 단점을 가지고 있어서 상황에 맞게 활용하는 게
중요하답니다.

민재가 수행평가 준비를 시작했을 때를 떠올려 볼까요? 민
재는 처음엔 '다른 친구들보다 잘해야 해!'라는 생각으로 열심

히 공부했어요. 이건 상대적 판단의 예시죠. 친구들과 비교해 자신의 성과를 평가받는다고 생각했으니까요. 그런데 나중에 알고 보니 이 수행평가는 절대평가로 기준을 충족하면 누구나 같은 점수를 받을 수 있는 방식이었죠. 민재는 순간 허탈했지만, 덕분에 '목표를 달성했어!'라는 기쁨을 더 크게 느낄 수 있었답니다.

절대적 판단은 고정된 기준을 충족하면 원하는 결과를 얻을 수 있기 때문에 공정성을 보장합니다. 다른 사람과 비교하지 않고 나의 노력과 성과만으로 평가받을 수 있죠. 반면, 상대적 판단은 내 위치를 명확히 파악하게 해주는 장점이 있어요. 입시나 스포츠처럼 순위가 중요한 상황에서 상대평가가 더 적합한 이유죠. 김연아 선수가 밴쿠버 올림픽에서 금메달을 딴 것도 절대평가와 상대평가가 적절히 조화를 이루었기 때문이에요. 기술 점수와 예술 점수라는 절대평가를 바탕으로 다른 선수들과 비교해 순위를 매겼으니까요.

하지만 이 두 가지 방식도 잘못 사용하면 문제가 생길 수 있어요. 상대평가는 경쟁심을 자극하기는 하지만, 지나치게 비교에 의존하면 스트레스를 유발할 수 있죠. 반대로 절대평가는 기준만 충족하면 되기 때문에 세부적인 차이를 간과할 위험이 있어요. 똑같이 A라는 점수를 받은 학생들도 사실은 서로 다른 강점을 가지고 있을 수 있잖아요?

이 두 평가 방식을 일상에서 어떻게 활용할 수 있을까요? 친구들과 게임을 할 때는 상대평가가 재미를 더해줄 수 있어요. 부루마불 게임은 게임 종료 시점에 누가 더 많은 돈을 가졌는지에 따라 승패가 결정되는 전형적인 상대평가 방식이죠. 하지만 '어제보다 내가 더 나아지자' 같은 개인적인 목표를 세울 때는 절대평가가 훨씬 효과적이에요.

논리적인 상황에서도 마찬가지예요. 절대평가는 명확한 기준을 가지고 사실을 평가할 때 유용해요. 예컨대 '우리 반 오래달리기 최고 기록 보유자는?'은 절대적인 사실이죠. 반면 친구 사이에서 '누가 더 친절한가?'를 판단할 땐 상대평가가 적합해요. 모든 친구가 절대적으로 친절하거나 불친절하다고 단정 짓기보다는 상황에 따라 행동을 비교하며 평가하는 것이 훨씬 현실적이니까요.

이은경쌤이 뽑은 한마디

도토리 키 재기
비슷한 수준의 사람들끼리 우열을 가리려는 모습을 풍자하는 속담입니다. 상대적 평가 속 지나친 경쟁과 비교의 무의미함을 드러내며 평가 방식의 중요성을 생각하게 만듭니다. 이 속담은 지나친 경쟁이 불필요한 스트레스를 초래할 수 있음을 경고함으로써 평가 방식의 공정성과 목적을 되짚어보게 합니다.

세 번째 숲 - 법칙

논리적 질서를
유지하는
보이지 않는 힘

논리의 세계는 혼돈이 아닌 질서로 가득한 공간입니다. 우리가 생각을 정리하고 올바른 방향으로 나아길 수 있도록 돕는 숨겨진 힘, 바로 '법칙'이 존재하기 때문이지요.

법칙은 우리의 사고를 지탱하는 뼈대와도 같아서 이를 이해하면 복잡한 문제도 명확히 풀어갈 수 있답니다. 이번 법칙의 숲에서는 동일률, 모순율 같은 논리의 기본 원리부터 인과율과 보편 법칙의 심오한 세계까지 탐험해 볼 거예요.

동일률은 '하나는 하나'라는 단순한 진리를 통해 우리의 사고를 명확히 하고, 모순율은 서로 상충하는 생각이 공존할 수 없음을 알려줍니다. 이렇게 법칙을 하나씩 이해하다 보면 여러분의 사고는 더 견고하고 체계적으로 발전할 거예요. 법칙은 단순히 논리의 틀을 세우는 데 그치지 않고, 우리가 더 똑똑하게 생각하고 현명하게 판단하도록 도와줍니다.

이제 논리의 세계를 질서로 연결해 주는 법칙의 숲으로 함께 발걸음을 내딛어볼까요? 여러분의 사고가 더 단단해지는 여정이 시작됩니다!

캡사이신보다 뜨거운 순간들
- 동일률 Law of Identity

　수민이는 자칭 건강 마니아였습니다. 단백질 바와 닭가슴살을 분신처럼 여기고 체육 시간마다 축구장을 휘젓는 그의 모습은 '운동 천재'라는 별명을 붙이기에 충분했죠. "근육은 배신하지 않아"라는 대사를 입에 달고 살던 수민이에게도 숨기고 싶은 이중적인 모습이 있었습니다. 바로 학원이 끝나면 떡볶이와 튀김을 양손에 들고 행복한 얼굴로 거리를 걷는 자신이었죠. "이건 글리코겐 충전용이야!"라는 어이없는 변명을 늘어놓았지만 친구들 사이에서 그는 이미 '건강 마니아인 척하는 먹보'로 불리고 있었습니다.

은지는 수민이와는 정반대 타입이었습니다. "건강도 중요하지만 맛이 없으면 삶이 무슨 재미겠어?"라는 그녀의 말에는 자신감이 넘쳤습니다.

수민이와 은지가 처음 만난 건 한 달 전이었습니다. 학원 쉬는 시간에 수민이가 단백질 바를 자랑하듯 꺼내 들며 "이게 요즘 내 건강 비법이야"라고 하자 은지는 한눈에 그를 알아보고는 피식 웃으며 다가왔습니다. "그렇게 건강 챙기면서 떡볶이 먹다 걸렸던 건 뭐야?" 은지의 한마디에 수민이의 얼굴은 빨개졌습니다. "아, 그건… 단백질 보충용이었어!"라고 더듬거리며 변명했지만 은지의 웃음은 멈추지 않았죠. 그날 이후 둘은 자연스럽게 친해졌습니다. 은지는 수민이를 놀리며 웃음을 터뜨렸고 수민이는 그런 은지를 바라보며 '뭐지, 얘는?' 하는 호기심이 생겼던 거죠.

어느 날 점심시간, 은지는 수민이의 도시락을 보고 의미심장한 미소를 띠며 말을 건넸습니다.

"고구마랑 채소만 있네? 진짜 네 인생은 건강 그 자체구나."

"전형적인 건강식이지. 이래서 내가 체육 시간에 날아다니는 거라고."

하지만 은지는 그 말을 듣고도 웃음을 참지 못했습니다. 매

점에서 핫도그를 사 먹는 수민이의 모습이 떠올랐기 때문이죠.

"핫도그 먹으면서 건강식이라니, 진짜 네 논리는 우주 최강이구나."

"그… 그건 고단백 간식이라 괜찮아."

은지의 웃음은 멈추지 않았습니다. 학원 쉬는 시간, 둘은 편의점으로 향했습니다. 은지가 삼각김밥과 라면을 집자 수민이는 단호하게 말했죠. "라면은 몸에 진짜 안 좋아. 특히 이 시간에 먹는 건 최악이라고." 그러나 정작 수민이는 핫바를 들고 있었습니다. 은지가 눈을 가늘게 뜨고 수민이를 바라보았습니다. "그 핫바는 뭐냐?" 수민이는 자신만만하게 말했습니다. "이건 단백질 덩어리야." 은지는 수민이의 말에 웃음을 터뜨렸습니다. "네 논리는 진짜 따라갈 수가 없네." 그러면서도 속으로 생각했습니다. '저렇게 당당하고 일관성 없는 게 참 신기하다. 그런데 왜 이렇게 귀엽지?'

집으로 가는 길, 떡볶이집에서 수민이가 떡볶이를 한 입 먹으며 말했습니다. "맵긴 한데, 캡사이신은 혈액순환에 좋아." 은지는 기가 막혀 웃음을 터뜨리며 대답했죠. "넌 진짜 말도 안 되는 논리를 잘 만들어내."

수민이도 지지 않고 "이게 나만의 건강 철학이야"라고 맞섰지만, 은지는 그의 모순된 모습이 묘하게 귀여웠습니다. 겉으로는 티격태격하는 것 같아도 사실 둘은 함께 있을 때 가장 특별했습니다. 서로를 놀리고 웃기면서도 은근히 서로를 신경 쓰는 그 모습은 누구보다 사랑스러웠습니다. 은지는 맛있게 떡볶이를 먹는 수민이를 보며 작게 속삭였습니다.

"캡사이신보다 뜨거운 그 애, 바로 너야."

말과 행동의 불일치, 동일률을 사수하라

동일률은 '어떤 것은 그 자신과 동일하다'라는 아주 기본적인 원칙이에요. 조금 어렵게 들릴 수 있지만 간단히 말해 말한 것과 행동이 같아야 한다는 의미예요. 예를 들어 '사과는 사과다'라는 말은 단순하지만 분명하죠. 사과는 바나나가 될 수 없고, 사과 그 자체라는 뜻이에요. 동일률은 우리가 혼란스럽지 않게 생각을 정리하고 올바른 결정을 내리는 데 꼭 필요한 기본 원칙이랍니다.

이 원칙은 일상에서도 자주 쓰여요. 수민이를 떠올려 봅시다. 수민이는 자신을 '건강 마니아'라고 소개하면서도 떡볶이와 핫도그를 맛있게 먹곤 했어요. 그의 말과 행동이 같지 않다 보니 친구들은 그의 건강 철학을 의심할 수밖에 없었죠. '건강 마니아라면서 왜 매운 떡볶이와 튀긴 핫도그를 먹지?'라고 말이에요. 우리도 비슷한 상황에 종종 놓입니다. 친구에게 "내일 약속 꼭 지킬게!"라고 말해놓고 정작 약속 장소에 나타나지 않는 나면 동일률을 어긴 겁니다. 또 부모님께 "공부 열심히 할게요"라고 말하고는 게임만 열심히 하고 있다면 부모님도 여러분의 말을 신뢰하기 어려워지겠죠.

동일률은 국회의원의 공약 실천에 있어서 매우 중요한 원칙입니다. 선거 기간 동안 수많은 공약과 약속이 쏟아지지만 그 약속들이 실제로 지켜지지 않는다면 유권자들은 실망하게 될 수밖에 없습니다. 국민에게 "이 공약은 반드시 실현하겠습니다!"라고 말해놓고 임기 내내 실천하지 않는다면 사람들은 속으로 이렇게 생각할지도 모릅니다. '또 말뿐인 정치인이었네.' 반대로 말과 행동이 일치하는 국회의원은 국민의 신뢰를 얻고, 더 나아가 존경까지 받을 수 있을 것입니다.

동일률을 무시하면 처음엔 멋진 말로 국민의 관심을 끌 수 있을지 몰라도 시간이 지나면서 실망과 불신만 키우게 됩니다. 특히 정치에서 한 번 잃은 신뢰를 되찾는 건 쉽지 않은 일이죠. 국민이 '말과 행동이 일치하는 의원'을 요구하는 이유도 바로 여기에 있습니다. 동일률은 단순히 멋진 원칙이 아니라 정치인이 국민과의 신뢰를 유지하고 더 나아가 책임 있는 정치를 실현하는 데 필수적인 도구입니다.

동일률을 어긴 예로는 '위선의 오류Hypocrisy Fallacy'가 있습니다. 위선의 오류는 자신의 말과 행동이 일치하지 않을 때 발생하는데, 특히 다른 사람에게는 어떤 원칙을 따르라고 요구하면서 정작 자신은 그 원칙을 지키지 않을 때 나타납니다. 만약 어느 정치인이 "모두 환경 보호에 앞장서야 합니다!"라고 외치면서도 자신은 일회용품을 과도하게 사용하거나 대중교통 대신 전용기를 이용한다면, 이는 위선의 오류에 해당합니다. 이런 상황은 말과 행동이 다르다는 점에서 동일률, 즉 '말과 행동이 같아야 한다'라는 기본 원칙을 어긴 사례입니다.

> **이은경쌤이 뽑은 한마디**
>
> **언행일치(言行一致)**
> '말과 행동이 같아야 한다'는 뜻으로 말한 대로 행동하는 일관성과 진실성을 강조하는 사자성어입니다. 이는 동일률의 원칙과도 연결됩니다. 동일률은 어떤 대상을 그 자체로 동일하게 받아들여야 한다는 논리학의 기본 원칙인데, 언행일치는 이 원칙을 일상에서 실천하는 예라 볼 수 있습니다.

창과 방패의 현대적 대결
- 모순율Law of Non-Contradiction

최근 열린 국제 방산 전시회는 세계 각국의 방산 기술이 한 자리에서 겨루는 장으로 눈길을 사로잡는 최신 무기와 장비들이 대거 선보였습니다. 그중에서도 이날 가장 뜨거운 관심을 받은 것은 '대한 총기'와 '코리아 아머'의 신제품이었죠.

대한 총기의 대표 장민우는 단상에 올라 자신감에 찬 목소리로 자사의 신형 소총을 소개했습니다.

"여러분, 이 소총은 혁신적인 설계와 최첨단 기술의 결정체입니다. 어떤 방탄조끼도 뚫을 수 있는 관통력을 자랑하며 세계

최고라 감히 자부합니다."

그의 말이 끝나기 무섭게 청중들 사이에서 감탄 섞인 박수가 터져 나왔습니다. 몇몇은 스마트폰으로 소총을 확대 촬영하며 '역시 대한 총기다'라고 수군거렸어요.

그러나 분위기는 곧 반전되었습니다. 이어 무대에 오른 코리아 아머의 이지은 대표는 자사의 제품에 대한 자부심을 숨기지 않았습니다.

"우리 회사의 방탄조끼는 방산 기술의 정점을 보여줍니다. 이 조끼는 어떤 총알도 완벽히 막아냄으로써 군인들의 생명을 안전하게 지킬 수 있습니다."

그녀의 말이 끝나자마자 한쪽에서는 소총이 최고라는 얘기가, 다른 쪽에서는 방탄조끼의 방어력이 더 대단하다는 이야기가 경쟁하듯 오갔습니다.

그 순간 기자 중 한 명이 자리에서 일어나 장민우 대표를 향해 질문을 던졌습니다.

"장 대표님, 그렇다면 귀사의 신형 소총으로 코리아 아머의 최신 방탄조끼를 쏜다면 어떻게 될까요?"

그 예리한 질문은 단숨에 현장의 분위기를 긴장감으로 몰아넣었습니다. 모든 시선이 장 대표에게 쏠렸죠. 장 대표는 순간 당황한 듯했지만 이내 자신감 있는 미소를 지으며 답했습니다.

"정말 흥미로운 질문입니다. 실험해 보지 않아 확답할 순 없지만 저는 저희 회사 소총의 위력을 믿어 의심치 않습니다. 어떤 방탄조끼라도 뚫을 수 있다고 자신합니다."

기자는 고개를 돌려 이지은 대표에게 질문을 이어갔습니다.

"이 대표님, 장 대표님의 소총이 정말 그런 위력을 가지고 있다면 귀사의 방탄조끼도 뚫릴 가능성이 있지 않을까요?"

이 대표는 기다렸다는 듯 당당하게 미소 지으며 대답했습니다.

"장 대표님의 소총이 강력하다는 건 부인할 수 없겠죠. 하지만 코리아 아머의 방탄조끼는 단순히 강력한 것이 아니라 최첨단 기술로 설계된 방어력의 집합체입니다. 이 조끼를 뚫을 수 있는 총알은 없습니다."

청중들 사이에서 폭소와 박수가 터져 나왔습니다. 분위기가 한껏 달아오르자 누군가가 외쳤습니다.

"그럼 두 제품의 성능을 바로 실험해 보면 되겠네!"

이 농담에 좌중은 웃음으로 화답했지만 두 대표의 얼굴에는 잠시 미묘한 긴장감이 스쳤습니다. 각자의 제품에 대한 자부심은 컸지만 그만큼 서로의 주장이 모순된다는 사실을 두 사람 모두 알고 있었기 때문이죠. 결국 장 대표와 이 대표는 악수하며 '언젠가 기회가 된다면 실험을 해보자'는 약속을 남겼습니다.

그 장면을 본 한 관람객이 소리쳤어요.

"야, 이거 현대판 창과 방패의 대결이로구먼!"

장난기 섞인 발언 덕분에 현장 분위기는 다시 유쾌하게 달아올랐고 방산 전시회의 소문은 순식간에 퍼졌습니다. 행사가 끝난 뒤에도 사람들의 관심은 가라앉지 않았습니다. 해당 기사를 접한 온라인 커뮤니티에는 '이 둘의 대결이 실제로 벌어진다면?'이라는 주제로 수많은 가상 시나리오가 등장했죠. 어떤 이는 '소총이 이긴다'에, 또 어떤 이는 '방탄조끼의 승리'에 내기를 걸기도 했습니다. 장 대표와 이 대표는 이후에도 각자의 제품 홍보에 열중했지만 그날의 창과 방패 대결은 사람들 사이에 오래도록 회자되며 방산 기술의 뜨거운 경쟁을 보여주는 상징적인 사건으로 남았답니다.

논리가 밝히는 모순의 진실

모순율은 '두 가지 모순된 주장은 동시에 참일 수 없다'라는 논리의 기본 원칙이에요. 간단히 말해 하나의 상황에서 서로 정반대되는 말이 동시에 사실일 수 없다는 뜻이죠. 예를 들어 '나는 지금 집에 있다'와 '나는 지금 집에 없다'는 동시에 참일 수 없어요. 모순율은 이런 혼란을 막아주고 우리의 사고를 명확하게 정리해 주는 중요한 도구랍니다.

그런데 이 '모순'이라는 단어의 기원에 얽힌 흥미로운 이야기를 아시나요? 이 단어는 중국 고대에서 나온 말인데, '창과 방패'라는 뜻이에요. 당시 어떤 상인이 "내 창은 세상 모든 방패를 뚫을 수 있습니다!"라고 자랑하다가 이어서 "내 방패는 세상 모든 창을 막아낼 수 있습니다!"라고 외쳤어요. 이 말을 들은 사람들이 "그럼 네 창이 네 방패를 뚫을 수 있냐?"라는 질문을 던지자 상인은 대답하지 못했다고 해요. 이렇게 창과 방패의 상반된 주장에서 비롯된 모순이라는 단어는 이후 서로 충돌하는 주장을 가리키는 말로 자리 잡게 되었답니다.

모순율은 단지 논리적 사고를 위한 원칙으로 끝나지 않고 우리의 일상생활에서도 아주 유용하게 쓰인답니다. 방산업계 이야기로 잠시 돌아가 볼까요? 한 회사가 '우리 소총은 모든 방탄조끼를 뚫는다'라고 주장하고, 다른 회사가 '우리 방탄조끼는 모든 총알을 막는다'라고 외친다면 두 회사의 주장은 동시에 사실일 수 없어요. 소비자 입장에서는 '둘 중 누가 맞는 거야?'라는 의문이 생기죠. 이런 모순을 발견하고 분석하는 과정에서 우리는 더 나은 선택을 할 수 있는 길을 찾게 돼요.

모순율의 진짜 매력은 단순히 '틀렸다'라고 지적하는 데 있지 않아요. 오히려 모순된 주장 속에서 문제의 한계를 깨닫고 새로운 가능성을 모색할 기회를 제공한다는 점이에요. 방산업계의 사례처럼 서로 다른 기술이 충돌하는 상황에서 모순을 인정하고 각자의 강점을 조화롭게 활용한다면 경쟁을 넘어 혁신적인 발전으로 나아갈 수도 있어요. 결국 모순은 우리가 더 나은 답을 찾도록 돕는 소중한 계기가 될 수 있답니다.

모순적인 상황에 빠지지 않으려면 명확한 정의와 일관성 있는 사고를 습관화하는 것이 중요합니다. 우리가 사용하는 말과 표현이 애매하거나 지나치게 포괄적이면 논리적 모순에 빠지기 쉬워요. 어떤 주장을 할 때는 그 의미를 분명히 하고 그 주장과 관련된 전제들이 서로 모순되지 않는지 점검해야 합니다. 논리적으로 생각하려면 '내가 이 주장을 뒷받침하는 근거가 일관되는가?'를 끊임없이 자문해야 해요. 또, 상대방의 주장을 들을 때도 같은 기준으로 접근하면 모순을 발견하거나 논리를 명확히 이해하는 데 도움이 됩니다.

다음으로 자신의 생각과 행동을 꾸준히 검토하는 반성적 태도가 필요합니다. 우리가 하는 말이나 결정이 이전의 행동이나 말과 충돌하지 않는지 살펴보는 거죠. "나는 동물을 사랑해!"라고 말하면서 길고양이를 보며 눈살을 찌푸린다면 이는 스스로 모순에 빠지는 사례가 될 수 있습니다. 이를 피하기 위해 자신의 생각과 행동이 일관되도록 점검하는 습관을 들이는 것은 물론이고, 기존의 생각이나 결정을 수정하는 유연함도 필요하답니다.

이은경쌤이 뽑은 한마디

창과 방패

'어떤 방패도 뚫는 창과 어떤 창도 막는 방패는 동시에 존재할 수 없다'는 가장 대표적인 모순율의 사례입니다. 모순율이라는 어휘 속의 '모순(矛盾)'이 바로 창과 방패를 뜻하지요. 이 표현은 상반되는 두 주장이 함께 성립할 수 없음을 명확히 보여줍니다. 논리적으로 두 조건이 충돌하기 때문에 둘 중 하나는 반드시 거짓임을 깨닫게 해주는 예시죠. 이는 논리적 일관성의 중요성을 강조하는 데 자주 사용됩니다.

겨아녀의 서울 입성기
- 배중률Law of Excluded Middle

우식이가 서울로 전학 온 첫날 아침, 교실 안은 새로 온 친구를 바라보는 호기심 어린 눈빛으로 가득했어요. 담임 선생님께서 우식이를 소개하며 말씀하셨죠.

"얘들아, 오늘부터 우리 반에서 함께 지낼 충청도에서 전학 온 우식이란다. 우식아, 인사해 볼까?"

우식이는 어색하게 머리를 긁적이며 앞으로 나섰어요.

"안녕하세유. 충청도에서 온 우식이라고 허는디요. 잘 부탁드리구유, 근디 혹시… 이 교실에 억수로 시꾸루운 친구들은 없지유?”

갑작스러운 충청도 사투리와 예상치 못한 농담에 교실은 잠시 정적이 흘렀다가 이내 웃음소리로 가득 찼어요.

“야, 방금 뭐라고 한 거야? ‘시꾸루운 친구 없지유?’ 맞아?” 앞줄에 앉아 있던 민호가 웃으며 물었죠.

우식이는 손을 흔들며 웃었어요.

“응, 맞아유. 충청도에서는 이렇게 말혀유. 늬들두 이따가 나랑 말 많이 해봐유. 재밌을 거여.”

아이들은 우식이의 독특한 말투에 금세 흥미를 느꼈고 한 명씩 말을 걸기 시작했어요.

“너, 서울 급식은 처음이지? 맛있을 거야. 오늘 메뉴가 뭔지는 모르겠지만!”

“오메, 오늘 뭐 나오는지 모르믄 말하면 안 되는겨!”

점심시간이 되었습니다. 큰 학교의 급식실을 처음 본 우식이는 당황했어요. 전에 다니던 작은 시골 학교에서는 그저 주는 대로 받으면 됐는데 여기 급식실은 너무 커서 어디에 줄을 서야 할지, 국을 먼저 받아야 하는 건지, 반찬을 먼저 집어야 하는 건지 헷갈렸거든요.

급식줄에 서 있던 우식이가 물었습니다.

“야, 밥이 국 앞서 받는 거여?”

우식이의 말을 들은 친구들은 서로 쳐다보며 배를 잡고 웃음을 터뜨렸습니다.

"뭐? 밥이 국 앞서 받냐고? 무슨 말이야?"

우식이는 웃음을 터뜨리는 친구들을 보며 덧붙였어요.

"국 먼저 받는 거 맞는겨? 기여, 아니여?"

그날 이후 친구들은 우식이를 '기여, 아니여?'를 줄인 '겨아너'라고 부르기 시작했습니다.

다음 날 아침, 선생님께서 등교하는 우식이를 보며 반갑게 인사하셨어요.

"우식아, 굿모닝! 오늘 아침밥 먹고 왔니?"

"기여유."

교실은 웃음바다가 되었고 선생님도 웃음을 멈추지 못하며 책상을 두드렸습니다.

"야, 우식아, 진짜 너는 서울말보다 충청도 말이 더 멋있다! 그런데 '기여유'라는 답을 들으면 뭔가 확신이 드는 것 같기도 하고 아닌 것 같기도 해서 재밌어."

우식이가 교실에서 인기를 얻어가던 어느 날 보건실에서 재미있는 일이 일어났어요. 체육 시간에 축구를 하다 발목을 삔 우식이가 보건실에 가게 됐거든요. 보건 선생님께서 우식의 발목을 살펴보며 물어보셨어요.

"많이 아프니? 아니면 참을 만해?"

"기여유."

"뭐라고? 아픈 거야, 안 아픈 거야?"

"기여유. 아프긴 한디, 뭐 참을 만혀유."

같이 온 친구 민호가 웃으며 중간에서 통역을 했어요.

"선생님, 우식이 말은 '그렇다'는 뜻이에요. 아프긴 하대요."

"우식아, 아프면 아프다고, 안 아프면 안 아프다고 확실히 말해야지. 두 개 중 하나를 고르렴. 애매하게 대답하면 치료를 해줄 수도, 안 해줄 수도 없거든!"

두 갈래 중 하나를 선택해야 하는 논리의 원칙

배중률은 '어떤 명제는 참이거나 거짓 중 하나다'라는 규칙이에요. 쉽게 말하면 어떤 상황에서든 결론은 반드시 두 가지 중 하나로 결정된다는 뜻이죠. 명제가 참도 아니고 거짓도 아닌 상태로 남아 있을 수는 없다는 의미죠. 배중률은 명제가 참이라면 그 반대는 반드시 거짓이라는 간단한 원칙을 통해 논리를 명확히 하고 판단의 핵심을 짚어줍니다. 친구와의 대화든, 중요한 결정을 내리는 과정이든, 배중률을 활용하면 더 정확하고 신뢰할 수 있는 결론에 도달할 수 있어요. 예를 들어 '나는 지금 학교에 있다'라는 문장은 참이거나 거짓일 수 있지만 둘 다 아닌 상태는 논리적으로 말이 안 됩니다.

우식이와 보건 선생님 이야기에서 우식이가 사투리로 "기여유. 아프긴 한디, 뭐 참을 만혀유"라고 답한 상황은 배중률의 본질을 잘 보여줍니다. '아픈 건 맞는데, 참을 만하다'라는 참인지 거짓인지 애매한 대답에 보건 선생님은 혼란스러워지셨어요. '아프다'와 '괜찮다' 중 어느 한 가지의 명확한 답변을 들어야 치료를 할지 말지 결정할 수 있기 때문이죠. 결국 민호가 나서서 사투리를 해석해 준 덕분에 상황이 해결되었지만 이런 애매함은 우리 일상 속 대화에서도 종종 오해를 불러일으킬 수 있답니다.

친구가 "오늘 영화 보러 갈 거야?"라고 물었을 때 "응, 갈 거야" 혹은 "아니, 안 갈 거야" 중 하나로 명확히 답해야 친구도 계획을 세울 수 있을 텐데 "음, 갈 수도 있고 안 갈 수도 있어"라고 애매하게 답한다면 친구의 머릿속은 혼란스러워지고 하루의 계획은 엉킬 가능성이 높아지겠죠. 배중률은 이런 혼란을 줄이고 명확한 판단을 내리는 데 도움을 줘요. 그래서 배중률은 단순히 논리의 법칙일 뿐 아니라 우리가 신속하고 정확한 결정을 내리도록 돕는 강력한 도구이기도 합니다.

배중률은 앞서 다룬 '긍정과 부정'과도 비슷한 점이 많아요. 긍정과 부정은 질문에 '네' 또는 '아니요'로 답하며 가능성을 좁혀가는 데에 초점이 맞춰져 있었죠. 스무고개 퀴즈에서 "그 물건은 동물인가요?"라는 질문에 "아니요"라는 답을 받으면 동물을 제외하고 다른 범주에 집중할 수 있는 것처럼요. 배중률도 마찬가지로 하나의 명제가 참이라면 그 반대는 반드시 거짓이라는 원칙을 바탕으로 선택지를 명확히 줄여갈 수 있답니다.

하지만 두 개념에는 미묘한 차이도 있어요. 긍정과 부정은 어떤 상황에서 답을 좁혀가는 과정 자체를 강조한다면 배중률은 모든 명제가 참과 거짓 중 하나로 나뉜다는 논리적 전제를 강조합니다. 쉽게 말해 긍정과 부정이 탐구를 돕는 도구라면 배중률은 사고의 기본 규칙으로 작동하는 셈이에요.

배중률은 참과 거짓을 똑 부러지게 가르는 멋진 논리 법칙이에요. 하지만 이걸 너무 열심히 적용하다 보면 큰 착각에 빠질 수도 있어요. "넌 나를 좋아하든 미워하든 둘 중 하나야!"라고 딱 잘라 말한다면 어떨까요? 세상에 감정이 그렇게 간단했나요? 좋아하고 미워하는 것 사이에 뭐, 그냥저냥 좋고 싫은 것도 있고 애매하게 관심 없는 경우도 있을 수 있잖아요. 그런데 배중률을 과하게 밀어붙이면 마치 세상에 흑과 백밖에 없는 것처럼 보이게 만들어요. 이런 걸 흑백 논리 오류라고 하죠. 그러니까 배중률은 꼭 필요할 때 참과 거짓이 확실히 나뉘는 경우에만 꺼내 쓰는 멋진 도구로 남겨둡시다.

백설 공주가 알려주는 인생의 비밀
- 충족 이유율 Principle of Sufficient Reason

안녕하세요, 저는 백설 공주예요.

네, 맞아요, 바로 그 동화책 속 공주요. 저는 새하얀 피부와 붉은 입술, 검은 머리칼로 유명하죠. 여러분은 저를 잘 알고 있겠지만 제 이야기를 제게 직접 들어본 적은 없죠? 제가 왜 숲속 난쟁이들의 집에 살게 되었는지, 그리고 그동안 어떤 마음으로 살아왔는지 말이에요. 사실 저는 제 이야기를 다시 쓰고 싶어요. 그냥 예쁜 공주로 기억되는 게 아니라, 제 삶 속에서 느꼈던 감정들과 배운 것들을 나누고 싶었거든요.

어릴 적 저는 엄마를 잃고 새어머니와 살게 되었어요. 새어머니, 그러니까 계모도 처음엔 나쁘지 않았어요. 그녀가 제게 미소를 지으며 말했을 때, 저도 정말로 행복할 줄 알았어요.

"백설아, 네가 정말 예쁘구나."

이 말은 껍데기였을까요? 시간이 지나면서 새엄마는 저를 점점 멀리했어요. 그녀는 자신의 아름다움을 지키는 네에만 신경 썼고, 그러느라 저는 자연스레 외톨이가 되었어요.

결정적으로 그녀가 저를 숲으로 내몰았을 때 저는 한 번도 느껴보지 못했던 두려움과 슬픔을 느꼈어요. '내가 뭘 잘못했을까? 나 때문에 새엄마가 힘들었던 걸까?' 하는 생각에 괴로웠지만 숲속에서 만난 난쟁이들이 제게 정말 큰 위로가 되었어요. 처음 그들의 집에 들어갔을 때 작은 의자들과 침대가 정리가 안 되어 있길래 자연스럽게 그 집을 치우기 시작했죠. 난쟁이들은 그런 저를 보고 깜짝 놀랐어요.

"누구세요? 왜 우리 집에서 청소하고 계신 거죠?"

"저는 백설 공주라고 해요. 머물 곳이 없는데 잠시 신세를 져도 될까요?"

난쟁이들은 제 이야기를 듣고는 서로 눈빛을 주고받더니 이렇게 말했어요.

"좋아요, 여기서 지내세요. 하지만 우리도 당신을 지켜줄 수는 없어요. 스스로 조심해야 해요."

그 말이 얼마나 고맙고 따뜻하게 들렸는지 몰라요. 난쟁이들은 저를 마치 가족처럼 편하게 대해줬고 저는 그들에게 감사하는 마음으로 함께 생활했어요.

하지만 계모는 저를 쉽게 놓아주지 않았어요. 그녀는 여러 번 변장한 채 찾아왔고, 마침내 독이 든 사과로 저를 쓰러뜨렸어요. 그 순간은 정말 고통스러웠어요. 그리고 긴 잠에 빠졌죠. 난쟁이들이 제 곁에서 슬퍼하는 모습을 상상해 보면 지금도 미안해지곤 해요.

계모에게 벌어진 일은 정말 놀라웠어요. 독사과를 난쟁이들이 계모에게 다시 건넸을 때, 계모는 자신이 만든 독사과를 먹고 쓰러져버렸거든요.

"내가 만든 사과는 완벽했는데… 어떻게 이럴 수가?"

계모의 말은 너무 허탈해 보였어요. 그녀는 자신의 욕망에 갇혀 모든 걸 잃게 된 거예요.

그 뒤로 저는 왕자님과 난쟁이들의 도움으로 다시 세상 밖으로 나왔어요. 난쟁이들은 제게 이렇게 말했어요.

"공주님, 저희는 항상 당신 편이에요."

솔직히 모든 게 원망스러웠어요. 계모가 나를 미워했던 이유도, 숲속에서 겁에 질려 도망 다녀야 했던 시간도, 독사과 때문에 긴 잠에 빠졌던 일도 말이죠. '왜 내 삶은 이렇게 꼬였을까?'라고 스스로 수없이 물었어요. 그런데 시간이 지나면서 깨달은 게 하나 있었어요. 모든 일에는 이유가 있었던 거예요.

만약 계모가 저를 숲으로 내몰지 않았다면 난쟁이들과 친구가 될 일도 없었겠죠. 독사과 때문에 쓰러지지 않았다면 진정으로 저를 걱정해 주는 사람들의 마음도 알지 못했을 거예요. 힘든 일이 많았지만 그 모든 경험이 저를 더 단단하게 만들어줬다는 걸 이제는 깨달았어요. 제 삶은 동화책처럼 단순히 '행복하게 살았습니다'로 끝나는 게 아니라, 우여곡절 속에서 진짜로 중요한 것을 배우는 과정이었어요. 지금은 왕국으로 돌아와 행복하게 지내고 있지만 제 이야기는 여기서 끝이 아니랍니다. 사랑과 용서, 그리고 상처받은 마음을 치유하는 법을 배운 덕분에 오늘날의 백설 공주가 될 수 있었으니까요.

📖 모든 일에는 이유가 있다

백설 공주는 자신의 삶을 돌아보며 중요한 진실을 깨달았습니다. 세상에 어떤 일도 그냥 일어나는 법은 없다는 사실을요.

계모의 질투와 독사과 사건, 그리고 난쟁이들과의 만남까지, 처음에는 이해할 수 없던 고난들이 모두 한 가지 메시지를 전하고 있었습니다. 바로 '모든 일에는 반드시 이유가 있다'라는 것입니다. 이 원리가 바로 충족 이유율이에요. 충족 이유율은 어떤 일이든 발생하려면 반드시 그에 상응하는 이유가 존재한다는 논리의 기본 원칙이에요. 쉽게 말해 이 세상에는 아무 일도 무작위로 일어나지 않는다는 뜻이죠. 단순한 말처럼 들리지만 우리의 사고를 체계적이고 논리적으로 이끌어 주는 중요한 원칙이랍니다.

백설 공주의 계모는 왜 그렇게 잔혹한 행동을 했을까요? 단순히 나쁜 사람이라서라고 설명할 수도 있지만 그건 충분하지 않아요. 그녀의 행동 뒤에는 자신의 아름다움에 대한 집착과 왕국에서의 지위를 잃을지도 모른다는 두려움이 숨어 있었어요. 물론 계모의 행동을 정당화할 수는 없지만, 그 이유를 알면 그녀가 왜 그런 결정을 내렸는지 보다 쉽게 이해할 수 있죠.

충족 이유율은 동화 속 이야기뿐 아니라 우리의 일상에서도 작동합니다. 매일 잘 듣고 일어나던 알람을 유독 오늘 아침에만 놓쳤다면 이유가 있겠죠. 아마도 어젯밤 늦게까지 스마트폰을 봤기 때문일 거예요. 늘 고전을 면치 못했던 영어시험에서 좋은 점수를 받았다면 그건 어쩌다 생긴 우연의 산물이라기보다는 꾸준히 공부해 온 결과물이라 해석할 수 있답니다. 충족 이유율은 이런 식으로 사건 뒤에 숨은 원인을 찾도록 도와주며 문제를 해결하거나 더 나은 결정을 내리는 데 필요한 통찰력을 제공해 준답니다.

또한 이 원칙은 단순히 사건을 이해하는 데 그치지 않고 우리를 더 논리적이고 체계적인 사고로 이끌어줍니다. '왜 이런 일이 일어났을까?'라는 질문을 던지면 우리는 결과를 받아들이는 것을 넘어 그 원인을 탐구하고 해결책을 찾는 과정을 시작하게 돼요. 백설 공주도 결국 자신의 고난 속에서 이유를 깨닫고 더 현명해졌죠. 난쟁이들과의 만남은 진정한 연대를 배우는 기회가 되었고 계모의 질투는 인간 감정의 복잡함을 이해하는 계기가 되었어요. 우리도 삶에서 일어나는 어려움 속에서 이유를 찾고 이해한다면 배우고 성장할 수 있을 거예요.

다만 충족 이유율을 모든 일에 지나치게 적용하려 하면 문제가 생길 수 있어요. 세상에는 단순한 우연도 분명 존재하기 때문이에요. 자연재해나 갑작스러운 사고처럼 예측 불가능한 일 앞에서 '왜 나에게 이런 일이 일어났을까?'라는 질문을 반복하다 보면 이유를 찾지 못한 채 좌절감에 빠질 수 있어요. 때로는 그냥 받아들이고 앞으로 나아가는 태도가 더 필요할 때도 있죠.

결국 충족 이유율은 세상을 이해하는 데 강력한 도구가 되어주지만 우연과 불확실성도 삶의 일부임을 인정하는 유연함이 필요해요. 이유를 찾는 데만 집중하지 말고 일어난 일을 통해 무엇을 배울 수 있을지에 초점을 맞춘다면 우리 삶은 더 깊이 있고 풍요로워질 거예요.

이은경쌤이 뽑은 한마디

핑계 없는 무덤 없다
모든 일에는 반드시 이유가 있다는 것을 뜻하는 속담입니다. 이 말은 특히 무언가 잘못되었을 때 사람들은 늘 그럴듯한 이유를 찾으려 한다는 점을 꼬집습니다. 충족 이유율의 맥락에서 보면, 이 속담은 어떤 결과가 발생했다면 그에 상응하는 원인이 반드시 존재한다는 사실을 직관적으로 표현한 것이죠.

대한민국 10대 선한 인물 시상식
- 보편 법칙<small>Universal Principle</small>

여러분, 반갑습니다! 오늘은 아주 특별한 행사를 진행하려 합니다. 바로 '대한민국 10대 선한 인물 시상식'입니다. 심사는 선행의 깊이, 사회적 영향, 그리고 후대에 남긴 교훈을 기준으로 공정하게 진행되었습니다. 이제 후보들을 만나볼까요?

첫 번째 후보는 바로 '흥부'입니다. 다친 제비를 정성껏 돌보고 박씨를 받아 엄청난 복을 받은 이야기, 모두 기억하시죠?

흥부 : 제비를 치료할 때 저도 마땅히 먹을 게 없었지만 불쌍한 제비를 모른 척하면 안 된다고 생각했어요. 그 이후 제게 돌아온 복은 정말 과분했죠. 지금은 가족들과 농사를 지으며 받은 복을 나누며 살고 있습니다.

두 번째 후보는 '콩쥐'입니다! 계모와 팥쥐의 학대 속에서도 꿋꿋이 선한 마음을 지킨 콩쥐는 왕비가 되어 약자를 돕고 있죠.

콩쥐 : 힘든 순간도 많았지만 선한 마음만큼은 잃지 않으려고 했어요. 지금은 왕비로서 약자를 돕는 데에 힘쓰며 받은 도움을 돌려주려 노력 중입니다.

세 번째 후보는 '심청'입니다! 아버지를 위해 자신의 목숨까지 희생하려 했던 효녀, 결국 황후가 되어 효의 상징이 되었죠.

심청 : 사실 인당수에 뛰어드는 순간은 무섭기도 했지만 아버지를 위해선 뭐든 할 수 있었어요. 지금은 아버지와 함께하며 효의 가치를 알리는 삶을 살고 있습니다.

네 번째 후보는 〈금도끼 은도끼〉의 '나무꾼'입니다. 정직한 선택이 얼마나 큰 복으로 돌아오는지 보여준 인물이죠.

나무꾼 : 욕심을 부리지 않고 솔직한 선택을 했던 것이 제 인생의 가장 큰 선물로 되돌아왔죠. 그 일이 계기가 되어 스스로 더 정지한 사람이 되려고 노력하고 있습니다.

다섯 번째 후보는 '혹부리 영감'입니다! 착한 마음으로 도깨비들에게 즐거움을 준 영감님은 혹을 떼는 행운을 얻었는데요. 혹부리 영감님, 그때 상황을 들려주세요!

혹부리 영감 : 단순히 노래를 부르며 기쁨을 주고 싶었어요. 그날 이후 삶은 욕심보다 나눔으로 채워야 한다는 걸 배웠습니다. 지금은 동네 어르신들과 아이들에게 제가 받은 행복을 나누며 살고 있습니다.

여섯 번째 후보는 〈견우와 직녀〉의 '견우'입니다. 소를 열심히 돌보며 성실함과 사랑의 가치를 보여준 인물이죠.

견우 : 소를 돌보는 건 쉽지 않았지만, 그 순간들이 제 삶을 더 단단하게 만들어주었어요. 칠월칠석에 직녀와 다시 만날 수

있었던 것도 모두 열심히 살아온 덕분이라고 생각합니다. 앞으로도 사랑과 성실함의 가치를 전하며 주변 사람들에게 도움을 주고 싶어요. 감사합니다!

일곱 번째 후보는 '의좋은 형제'입니다. 서로를 배려하며 나눔의 아름다움을 보여주었죠.

형 : 지금도 동생과 함께 농사를 지으며 이웃들과 나눔을 실천하고 있어요. 우리 이야기로 많은 분이 따뜻함을 느끼셨으면 좋겠어요.

동생 : 형과 함께 마을 어르신들을 돕고 있습니다. 서로를 생각하며 사는 삶이 행복합니다.

여덟 번째 후보는 '청개구리'입니다. 어머니의 말을 거스르던 과거를 뉘우치고 변화의 상징이 되었죠.

청개구리 : 어머니를 잃고 나서야 제가 얼마나 어리석었는지 깨달았어요. 그동안 어머니의 마음을 헤아리지 못했던 게 너무 후회스럽습니다. 지금은 어머니의 사랑을 되새기며 받은 사랑을 되돌려주는 삶을 살고 있습니다.

아홉 번째 후보는 〈은혜 갚은 두꺼비〉의 소녀입니다. 다친 두꺼비를 도운 선행으로 목숨을 구한 이야기, 기억하시죠?

소녀 : 작은 선행이 이렇게 큰 복으로 돌아올 줄은 정말 몰랐습니다 지금은 동물들을 돌보며 작은 선행이 얼마나 큰 기적을 만들 수 있는지 사람들에게 전하려고 노력하고 있습니다.

마지막 열 번째 후보는 〈은혜 갚은 까치〉의 선비입니다. 다친 까치를 치료한 선행으로 복을 받은 주인공이죠.

선비 : 제가 치료해 준 까치가 온 가족의 복이 되어 돌아왔을 땐 정말 놀랐습니다. 지금은 까치뿐만 아니라 자연 속 동물들을 돌보는 삶을 살고 있어요.

자, 여러분! 지금까지 열 명의 훌륭한 후보들을 만나보았습니다. 이들의 이야기는 우리에게 선한 마음과 행동이 얼마나 큰 힘을 가지는지 다시 한번 깨닫게 해줍니다. 크고 작은 선행이 모여 세상을 따뜻하게 바꿀 수 있다는 걸 보여주는 생생한 증거들이죠. 이제 드디어 대망의 수상자를 발표하겠습니다. 다 함께 박수로 축하해 주세요!

모든 것에 적용되는 변하지 않는 진리

흥부가 다친 제비를 정성껏 돌보며 박씨를 받았던 이야기, 심청이 아버지를 위해 바다에 몸을 던진 이야기, 혹부리 영감이 도깨비들에게 따뜻한 마음을 보여준 이야기 등등. 이런 전래동화 속 주인공들의 행동은 우리에게 끊임없이 일관된 하나의 메시지를 보내고 있어요.

'선한 행동은 결국 좋은 결과를 가져온다.'

이걸 멋진 말로 '권선징악'이라고 부른답니다. 선은 상을 받고 악은 벌을 받는다는 이 단순하면서도 강력한 법칙은 시대를 초월해 우리에게 교훈을 줍니다. 그래서 우리는 이런 이야기를 오래도록 기억하고 감동까지 받는 거예요.

그런데 이 법칙은 단순히 동화 속에서만 작동하는 게 아니에요. 이걸 논리에서는 '보편 법칙'이라고 부른답니다. 흥부가 제비의 다리를 정성껏 치료해 줬을 때 그 보답으로 복을 받았던 이야기를 기억하죠? 이건 자연의 법칙인 '뿌린 대로 거둔다'와 연결됩니다. 농부가 씨앗을 뿌리고 정성껏 가꾸면 열매를 얻게 되는 것처럼 노력과 선행은 언젠가 멋진 결과로 돌아온다는 사실을 보여주죠. 시험공부를 열심히 하면 좋은 점수를 받을 가능성이 높아지는 것도 같은 맥락이랍니다.

또 다른 법칙도 있어요. 바로 '주는 만큼 받는다'라는 인간관계의 법칙이에요. 친구가 힘들 때 따뜻한 말 한마디를 건네거나, 길에서 어려움에 처한 사람을 돕는 작은 행동이 훗날 우리가 예상하지 못한 방식으로 되돌아오곤 하죠. 혹부리 영감이 도깨비들에게 즐거움을 주며 얻은 복도 이런 법칙의 멋진 사례고요.

선한 행동은 주변 사람들에게 긍정적인 영향을 미치고 더 나아가 사회를 더 좋은 곳으로 바꾸는 힘을 가집니다. 반대로 나쁜 행동은 신뢰를 잃게 하고 자신뿐 아니라 타인에게도 부정적인 영향을 미치죠. 권선징악처럼 모든 것에 적용되는 변하지 않는 진리는 또 어떤 것이 있을까요?

이은경쌤이 뽑은 한마디

권선징악(勸善懲惡)
선을 권장하고 악을 벌한다는 뜻의 이 사자성어는 보편 법칙의 대표적인 예로 꼽힙니다. 〈흥부전〉에서 착한 흥부가 복을 받고 욕심 많은 놀부가 벌을 받는 이야기는 권선징악의 법칙을 단순하고 명확하게 보여줍니다. 이 법칙은 우리에게 선행의 중요성과 악행의 대가를 가르치며, 정의가 결국 승리한다는 믿음을 심어줍니다.

뜨거워지는 지구, 너 요즘 왜 이래?

- 인과율 Law of Causality

지구에게

안녕, 지구야.

나는 태양초등학교 6학년 민재라고 해.

이렇게 네게 편지를 쓰는 이유는 마음이 무겁고 미안한 마음이 들었기 때문이야. 요즘 지구 너한테 이렇게까지 힘든 일이 생기게 된 건 우리가 너무 무심했기 때문이겠지? 사실 예전에는 지구가 당연히 깨끗하고, 공기도 맑고, 바다도 파랗다고 생각했어. 그런데 요즘 뉴스에서 듣는 이야기는 전혀 그렇지 않더

라. 빙하가 녹아내리고, 북극곰들이 먹이를 구하지 못해 굶주린다는 너도 잘 알 거야. 한여름엔 사람들이 더위로 병원에 실려 가고, 반대로 겨울엔 너무 추워서 수도관이 터지고 농작물이 얼어 죽는 일도 많대. 지구야, 너 정말 힘들겠구나.

생각해 보면 이런 일들은 모두 사람인 우리가 만들어낸 결과인 것 같아. 우리는 편리함만 쫓으며 살아왔어. 공장에서 나오는 연기, 자동차에서 뿜어내는 배기가스, 그리고 아무 생각 없이 쓰고 버리는 플라스틱들. 이런 것들이 하늘로 올라가면서 지구를 마치 온실처럼 뜨겁게 만들어버린 거잖아. 북극의 빙하가 녹는 것도, 바다 온도가 높아져 산호초가 죽어가는 것도, 다 우리가 만들어낸 이산화탄소와 메탄가스 때문이라니 정말 부끄럽고 미안해.

또 한 가지는 우리가 네가 가진 숲을 잘 지키지 못했다는 점이야. 숲은 너의 공기를 맑게 하고 이산화탄소를 흡수해 주는 중요한 역할을 해주는데, 우리는 무분별하게 나무를 베고 불을 내며 산림을 파괴했어. 나무들이 없어지면서 공기 중 탄소 농도가 높아지고 그 결과 더 뜨겁고 더 추운 이상기후가 생겼대. 지구야, 너는 나무를 통해 우리에게 숨 쉴 공기를 주었는데 우리는 너의 소중한 나무들을 제대로 지키지 못했구나.

게다가 너의 바다도 많이 아프지? 사람들이 버린 플라스틱

쓰레기들로 바다가 점점 더 더러워지고 있다는 걸 알고 있어. 뉴스에서 본 바다거북의 이야기가 아직도 잊히지 않아. 바다거북이 먹이인 줄 알고 삼킨 게 사실은 비닐봉지였다니, 그 모습이 너무 안타까웠어.

해수면도 점점 높아지고 있다면서? 그로 인해 몇몇 섬들이 물에 잠기고 있다는 얘기도 들었어. 바다는 단순히 물로 가득 찬 곳이 아니라 수많은 생명체들의 소중한 집이잖아. 물고기, 고래, 산호초까지 모두 너의 품속에서 살아가고 있는데 우리가 너무 무심했어. 너의 바다가 맑고 푸르러야 그 안에서 생명들이 자유롭게 살 수 있을 텐데, 지금은 오히려 고통받는 공간이 되어 버린 것 같아. 정말 미안해, 지구야.

부끄럽지만 사실 예전엔 이런 문제를 전혀 몰랐어. 플라스틱 병 하나쯤 버린다고 뭐가 달라질까 싶었거든. 하지만 이제는 알아. 내가 버린 그 하나가 바다를 얼마나 괴롭히는지, 그로 인해 얼마나 많은 생명이 피해를 입는지 말이야. 그래서 나도 작지만 변화를 시작하려고 해. 텀블러를 가지고 다니는 건 기본이고, 장을 볼 때도 비닐봉지 대신 에코백을 사용하려고 노력 중이야. 우리 가족도 요즘은 생수병 대신 정수기를 쓰고, 일회용 빨대 대신 철로 된 빨대를 사용하기 시작했어. 처음엔 불편했는데 이제는 익숙해졌어. 그리고 그렇게 할 때마다 너를 조금이라도 덜 괴롭힐 수 있다는 생각에 뿌듯해지기도 해.

전 세계에서도 너를 지키기 위한 노력이 이어지고 있어. 사람들이 전기차를 타고, 태양광 에너지로 집을 밝히는 모습이 점점 흔해지고 있지. 플라스틱 대신 사용할 수 있는 친환경 물건들도 계속 만들어지고 있어. 물론 이런 노력들이 당장 큰 변화를 만들진 못하겠지만, 우리가 모두 조금씩 변한다면 언젠기 너의 바다가 다시 맑아질 날이 오지 않을까? 그렇게 된다면 지금처럼 생명이 고통받는 바다가 아니라 너의 품속에서 생명들이 행복하게 살아가는 진짜 포근한 집이 될 거야.

지구야, 조금만 더 기다려줄래? 우리가 더 노력해서 너를 더 행복하게 만들어줄게.

아직 갈 길이 멀지만 그래도 모두가 함께 노력한다면 너를 다시 건강하게 만들 수 있을 거야. 너를 아프게 한 만큼 이제는 우리가 너를 지키고 사랑할게. 지구야! 정말 미안하고, 고맙고, 사랑해.

2025년 2월
너를 진심으로 아끼는 친구 민재가

이상기후, 인과율로 찾아보는 해결책

지구 곳곳에서 벌어지는 이상기후 현상, 여러분도 들어봤죠? 단순히 '요즘 날씨가 왜 이래?'라고 넘어갈 일이 아닌 것이, 이건 무작위로 일어나는 게 아니라 원인과 결과가 철저히 연결된 사건이기 때문이에요. 이때 작동하는 원리가 바로 인과율이라는 보편적인 법칙이랍니다. 인과율은 이렇게 말해요.

'모든 결과에는 반드시 원인이 있다.'

이 단순한 진리 속에 숨겨진 힘을 알고 나면 우리는 세상을 훨씬 더 똑똑하게 이해할 수 있답니다.

최근 빈번하게 발생하는 폭염, 한파, 가뭄, 홍수 같은 이상기후는 단순히 운이 나빠서 생긴 일이 아니에요. 과학자들은 대기중 탄소 배출 증가, 삼림 파괴, 비효율적인 에너지 사용 등이 이러한 문제를 초래했다고 설명하고 있어요. 예를 들어 탄소 농도가 높아지면 지구 온도가 상승하고 이는 바다와 대기의 순환을 교란시켜 극단적인 날씨를 만들어내는 원리죠. 즉 이상기후는 분명한 원인을 가진 문제이고 그 원인을 제거하면 결과도 바꿀 수 있다는 희망을 갖게 합니다.

이 원리는 환경 문제뿐만 아니라 일상에도 똑같이 적용됩

니다. 시험 성적을 올리고 싶다면 공부라는 '원인'을 만들어야
하고, 건강을 지키고 싶다면 운동이라는 '행동'을 더해야 해요.
반대로 원인을 무시하거나 잘못된 선택을 하면 그에 따른 나쁜
결과도 따라옵니다. '왜 시험에서 좋은 점수를 못 받았을까?'를
고민한다면 복습을 게을리했거나 집중하지 못한 이유를 찾아
야 해요. 그 원인을 해결해야 다음번에 더 나은 설과를 기대할
수 있으니까요.

기후 변화 문제도 마찬가지예요. 전 세계가 이상기후라는
'결과'를 해결하려고 전기차 도입, 재활용 캠페인, 숲 복원 프로
젝트 같은 움직임을 시작했죠. 태양광 패널은 화석연료 사용을
줄이고 재활용 의류는 쓰레기를 줄이는 데 도움을 줍니다. 이
모든 노력은 원인을 찾아 해결책을 모색하는 인과율의 실질적
인 적용 사례랍니다.

인과율 법칙이 중요한 이유는 단순히 '왜?'라는 질문에서 멈
추지 않고 '그럼 어떻게 해야 하지?'라는 다음 단계로 나아가게
해주기 때문이에요. 이상기후를 막기 위해 우리가 원인을 제거
하려는 노력을 지속한다면 언젠가는 더 이상 날씨로 고통받지
않을 날이 올 수 있습니다. 이 법칙은 개인에게도 중요한 메시
지를 줘요. '좋은 결과를 원한다면, 좋은 원인을 만들어라.' 우리
가 지금 하는 선택이 결국 미래를 만든다는 걸 이해한다면 나쁜

습관을 바꾸고 더 나은 행동을 선택하게 될 거예요.

아, 그리고 혹시 충족 이유율과 인과율이 헷갈리는 친구들 있나요? 그렇다면 논리의 법칙에 관해 상당한 수준에 도달했다고 봐도 좋습니다. 둘 다 사건과 현상을 이해하는 데에 중요한 법칙이지만 초점이 조금 달라 헷갈릴 수 있거든요. 충족 이유율은 '모든 것은 그럴 만한 이유가 있다'라는 원리로 왜 이 일이 존재하는지를 철학적으로 탐구합니다. 반면 인과율은 '모든 결과에는 원인이 있다'라는 원리로 원인과 결과의 연속성을 경험적으로 설명하죠. 다시 말해 충족 이유율은 '왜 이 일이 필요한가?'에 초점을 맞추고, 인과율은 '왜 이 일이 일어났는가?'에 더 집중한다고 볼 수 있어요.

이은경쌤이 뽑은 한마디

콩 심은 데 콩 나고 팥 심은 데 팥 난다

이 속담은 인과율의 본질을 직관적으로 표현합니다. 모든 결과는 그에 따른 원인에서 비롯된다는 의미죠. 우리가 어떤 행동을 하느냐에 따라 그에 맞는 결과가 나타난다는 메시지는 단순하지만 강력합니다. 올바른 노력은 좋은 결실을 맺게 하고, 잘못된 행동은 부정적인 결과를 가져온다는 교훈을 담고 있기 때문입니다.

📎 더 알아보기

논리적 질서를 유지하기 위한 법칙은 앞서 살펴본 동일률, 모순율, 배중률, 충족 이유율, 보편 법칙, 인과율을 넘어 다양한 형태로 확장될 수 있습니다. 이 법칙들은 사고와 논리의 영역을 넓히고, 우리가 복잡한 문제를 더 명확히 이해하도록 돕습니다. 세 번째 숲에서 자세하게 다루지 않은 추가적인 법칙들을 몇 가지 더 소개할게요.

1. 항등 법칙 Identity Law

'어떤 대상은 그 자신과 동일하다'는 단순하지만 기본적인 원칙입니다. 이는 논리와 수학에서 모든 명제가 스스로를 부정하지 않는다는 사실을 바탕으로 사고의 일관성을 보장합니다. 수학 문제에서 $x=x$로 출발하며 방정식을 푸는 기본 원리로 활용됩니다.

2. 전이 법칙 Transitive Law

'A가 B와 같고, B가 C와 같다면, A도 C와 같다'라는 논리적 연결을 제공하는 법칙입니다. 이를 통해 관계를 체계적으로 확장하고, 복잡한 문제를 간단하고 명확하게 정리할 수 있습니다. '추이율'과 같은 개념이며 '서울에서 부산까지 가는 길은 서울에서 대전, 대전에서 부산으로 이어진다'라는 식으로 논리의 경로를 확장할 때 사용됩니다.

3. 상반 법칙 Law of Contraposition

'A이면 B다'라는 조건문이 참일 때, 이를 'B가 아니면 A도 아니다'로 바꿔도 참이 되는 원칙입니다. 이 법칙은 문제를 새로운 관점에서 분석하고, 더 깊이 이해하는 데 유용합니다. '비가 오면 땅이 젖는다'를 통해 '땅이 젖지 않았다면 비가 오지 않았다'고 추론할 때 적용됩니다.

4. 대칭 법칙 Symmetry Law

관계의 양방향성을 나타내는 법칙으로, 'A가 B와 같다'라면 'B가 A와 같다'도 참이라는 것을 보장합니다. 이는 관계의 가역성을 강조하며, 논리적 평등을 다루는 데 중요한 역할을 합니다. '희주와 지홍이는 친구다'라는 관계를 '지홍이도 희주와 친구다'로 바꿔 표현할 때 활용됩니다.

5. 이중 부정 법칙 Double Negation Law

어떤 명제를 두 번 부정하면 본래의 명제로 돌아온다는

원칙입니다. 예를 들어 'A가 아니다'를 다시 부정하면 'A가 참'이라는 결론에 도달할 수 있습니다. '나는 공부를 안 하지 않는다'라는 문장을 '나는 공부한다'로 단순화할 때 사용됩니다.

6. 상호 배제 법칙 Mutual Exclusion Law

서로 모순되는 두 사건이 동시에 참일 수 없다는 원칙입니다. 이 법칙은 논리적 충돌을 방지하고, 명확한 선택과 배제를 가능하게 합니다. 동전 던지기에서 '앞면이 나온다'와 '뒷면이 나온다'가 동시에 참일 수 없다는 점을 설명할 때 적용됩니다.

7. 분배 법칙 Distributive Law

논리적 연산을 분배하여 처리할 수 있는 원칙입니다. 예를 들어 'A와 B (또는 C)'는 'A와 B 또는 A와 C'로 분배하여 표현할 수 있습니다. 복잡한 구조를 단순화하고 재구성하는 데 유용합니다. '운동화가 편안하고, 빨간색이나 파란색이다'를 '운동화가 편안하고 빨간색이다 또는 운동화가 편안하고 파란색이다'로 풀어서 표현할 때 사용됩니다.

8. 최소 노력 법칙 Law of Least Effort

인간은 최소한의 노력으로 최대의 결과를 얻으려는 심

리적 경향을 갖고 있습니다. 이는 의사 결정과 문제 해결 과정에서 나타나는 보편적 행동으로, 논리적 사고에서도 중요한 통찰을 제공합니다. 사람들이 복잡한 길보다 가장 짧은 길을 찾아 목적지에 도달하려고 할 때 활용됩니다.

9. 균형 법칙 Law of Balance

모든 시스템은 안정성을 유지하려는 성질을 갖습니다. 이 법칙은 논리적 체계와 현실 세계의 관계를 이해하고, 다양한 영역에서 균형의 중요성을 깨닫게 합니다. '수입과 지출이 균형을 이루어야 가계가 안정된다'라는 논리로 예산을 계획할 때 활용됩니다.

10. 정당화 법칙 Principle of Justification

모든 주장은 정당한 이유를 가져야 한다는 원칙입니다. 이는 논리적 사고와 철학적 탐구의 핵심으로, 모든 주장을 수용하기 전에 근거를 요구하는 사고 습관을 길러줍니다. '나는 일찍 자야 한다. 왜냐하면 내일 중요한 시험이 있기 때문이다'라는 상황의 논리를 전개할 때 사용됩니다.

이러한 법칙들은 기존의 목차에 포함된 법칙들과 유기적으로 연결되며, 우리의 사고를 체계화하고 문제를 더욱 깊이 이해할 수 있도록 도와줍니다. 각각의 법칙은 상황과 맥락에 따라 적절히 적용될 수 있으며, 복잡한 논리적 상황을 명확히 정리하고 해결책을 도출하는 데 중요한 도구가 됩니다. 논리 법칙들을 적절히 활용하면 추상적 사고에서 실질적 결론에 이르기까지 논리적 연결성을 유지할 수 있으며 다양한 관점에서 문제를 다루는 데 필요한 통찰과 유연성을 제공합니다.

생각의 씨앗, 논리로 여는 사고의 문

추론은 작은 단서들을 모아 큰 그림을 완성하는 사고의 강력한 도구입니다 추론이라는 말이 어렵다고요? 만약 친구가 우산을 들고 나가는 것을 보고 '오늘 비가 오겠구나!'라고 짐작한 적이 있다면, 이미 추론의 세계에 첫발을 내디딘 거랍니다. 이번 추론의 숲에서는 삼단논법 같은 기본적인 논리 구조부터 가설 추론, 대조 추론 등 복잡한 사고 방식을 탐험할 거예요. 추론은 단순히 답을 찾는 것을 넘어 생각을 깊게 하고 새로운 관점을 발견하는 도구입니다. 마치 셜록 홈즈가 작은 단서 하나를 바탕으로 사건의 진실을 밝혀내는 것처럼 여러분도 추론의 숲에서 논리의 퍼즐을 완성하는 재미를 느낄 수 있을 거예요. 그래서 추론은 단순한 문제 풀이를 넘어 우리의 사고를 날카롭고 유연하게 만들어준답니다.

작은 단서에서 시작해 큰 결론으로 이어지는 흥미로운 사고의 여정, 지금부터 함께 떠나볼까요? 여러분의 논리적 나침반을 꺼내고, 추론의 숲에서 미궁을 헤쳐 나가는 경험을 신나게 즐겨보세요!

나는 내가 아무것도 모른다는 걸 안다
- 삼단논법 Syllogism

여러분, '소크라테스'라는 이름 들어봤죠? 그리스 철학의 대부라 불리는 이분은 무려 2400년 전에 아테네에서 살았답니다. 그런데 진짜 놀라운 사실이 있어요. 이 대단한 분이 책을 한 권도 안 썼다는 사실이에요! 지금껏 전해져 내려오는 그의 사상은 모두 제자 플라톤이 열심히 기록한 덕분이라고 하네요. 역시, 훌륭한 스승에 대단한 제자군요.

소크라테스의 독특함은 단지 책을 안 썼다는 데 있지 않아요. 이분은 질문을 좋아했어요. 좋아해도 좋아해도 너무 좋아했어요. 그냥 좋아한 정도가 아니라 질문을 통해 상대를 생각하게 만드는 능력까지 뛰어났죠.

어느 날 시장에서 사람들과 이야기를 나누던 소크라테스가 어떤 장인에게 물었습니다. "이게 정말 최고의 항아리인가요?" 장인은 "물론이죠!"라고 자신 있게 대답했지만 소크라테스가 계속 질문을 던지자 자신도 모르게 머뭇거리기 시작했죠. 결국 그 장인은 "음… 제 말이 틀릴 수도 있겠네요"라며 한발 물러섰대요. 소크라테스는 그저 질문을 던졌을 뿐인데 말이죠.

또 하나 재미있는 일화가 있어요. 델포이 신전의 무녀가 소크라테스를 가리켜 "그는 세상에서 가장 지혜로운 사람이다"라고 말한 적이 있었는데 보통 사람이라면 '오, 역시 나란 사람은 특별하지' 하며 으쓱했을 텐데 소크라테스는 전혀 다른 반응을 보였어요. '뭐? 내가? 지혜롭다고? 그건 아닌데…'라며 오히려 자신을 의심하기 시작했죠. 급기야 그는 아테네 곳곳을 돌아다니며 진짜 지혜로운 사람이 누군지 찾아보기로 결심했답니다.

소크라테스는 정치가, 시인, 장인들과 직접 대화를 나누며 그들의 생각과 태도를 관찰했어요. 그런데 대화를 나누면 나눌수록 더 큰 깨달음을 얻게 되었죠. '이 사람들은 자신이 모든 것을 안다고 믿지만 사실은 잘 모르고 있군.' 반면 소크라테스는 자신이 아는 것이 없음을 솔직히 인정할 수 있었고 그 점 때문에 자신이 더 지혜로울 수 있다고 느꼈어요. 그리고 그는 이렇게 결론 내렸답니다.

'내가 지혜로운 이유는 내가 아무것도 모른다는 걸 알고 있기 때문이다.'

이게 바로 소크라테스가 말하는 참된 지혜였던 거죠. 자신을 돌아보며 모자람을 인정하고 끊임없이 질문하고 배우려는 태도야말로 진짜 지혜로운 사람의 자세라는 걸 그는 몸소 보여 줬어요.

하지만 그의 이런 태도가 당시 아테네 사람들에게는 좀 거슬렸던 모양이에요. 특히 젊은이들이 소크라테스에게 큰 영향을 받으면서 기성세대는 그를 '젊은이들을 타락시키는 사람'이라며 비난했죠. 결국 그는 법정에 서게 되었고 부당한 사형 선고를 받게 되었습니다. 마지막 순간, 독배를 앞에 둔 소크라테스는 이런 말을 남겼다고 해요.

"악행을 피하는 것보다 더 어려운 일은 없다. 하지만 나는 내 양심과 철학을 지켰기에 후회는 없다."

소크라테스는 철학자였지만 그의 이름은 논리학에서도 영원히 기억되고 있어요. 삼단논법이라는 논리적 도구를 설명할 때 가장 먼저 떠오르는 이름이 바로 소크라테스거든요.

삼단논법은 '모든 인간은 죽는다. 소크라테스는 인간이다.

그러므로 소크라테스는 죽는다'라는 단순하면서도 강력한 구조를 통해 우리의 생각을 명확하게 정리하도록 돕습니다. 이 논리적 사고법은 단순히 철학의 영역에만 머무르지 않았어요. 수학 문제를 풀 때나 과학 실험에서 가설을 검증할 때, 법정에서 사건의 진실을 밝힐 때, 심지어 친구와 대화를 나눌 때도 널리 사용되고 있답니다.

특히 소크라테스의 사고방식은 질문을 통해 진리를 탐구하는 데 초점이 맞춰져 있었기 때문에 논리학의 기본 원리와 잘 어우러졌습니다. 그는 단순히 주장하는 것에서 멈추지 않고 '왜?'라는 질문을 끊임없이 던지며 사고의 깊이를 더했습니다. 그리고 이는 현대의 토론 문화나 학문적 탐구 방식에도 깊은 영향을 미쳤답니다.

논리를 구성하는 세 개의 연결고리

삼단논법을 이야기할 때면 어김없이 등장하는 이름, 바로 소크라테스입니다. 소크라테스는 대체 뭘 했길래 이렇게 자주 소환될까요? 사실 그 이유는 간단해요. 그의 이름이 삼단논법

을 설명하기 딱 좋은 예로 자리 잡았기 때문이죠. 삼단논법은 두 가지 전제를 바탕으로 하나의 결론을 끌어내는 논리적인 방식인데, 소크라테스 예시로 한번 살펴볼까요?

전제 1 : 모든 인간은 죽는다.
전제 2 : 소크라테스는 인간이다.
결론 : 따라서 소크라테스는 죽는다.

어때요, 간단하죠? 그런데 바로 이 간단한 구조가 논리의 기본 중 기본이랍니다. 삼단논법은 대전제(일반적 진리), 소전제(구체적인 사례), 결론(최종 결과)이라는 세 가지 단계로 이루어져 있어요. 이렇게 차근차근 단계를 밟아가다 보면 복잡해 보이는 생각도 깔끔하게 정리된답니다.

삼단논법은 고대 그리스의 철학자인 아리스토텔레스가 체계화한 논리의 왕도예요. 모든 대화와 설득의 바탕이 되는 도구라고 해도 과언이 아니죠. 위의 예시를 다시 볼게요. '모든 인간은 죽는다'라는 대전제는 누구도 반박할 수 없는 일반적인 진리입니다. '소크라테스는 인간이다'는 소전제는 특정 사례를 제시하죠. 마지막으로 이 두 전제를 연결하면 자연스럽게 '소크라스는 죽는다'라는 결론에 도달하게 됩니다. 이렇게 삼단논법은 전제들 사이의 논리적 연결을 통해 설득력 있는 결론을 만들어냅니다.

논리의 왕도인 삼단논법을 제대로 사용하려면 몇 가지 원칙을 지켜야 해요. 첫째, 전제의 진리입니다. 전제가 거짓이면 결론도 신뢰할 수 없겠죠. 예를 들어 '모든 초콜릿은 건강에 좋다'처럼 전제가 틀리다면 그걸 바탕으로 한 결론도 오류일 수밖에 없어요. 둘째, 논리적 일관성입니다. 전제와 결론이 매끄럽게 연결되지 않으면, 아무리 멋진 말이라도 설득력이 떨어져요. 마지막으로 보편성입니다. 삼단논법의 결론은 특정 상황에만 적용되는 게 아니라 넓게 퍼질 수 있어야 해요.

삼단논법은 사실 여러분의 일상에서도 이미 자주 쓰이고 있어요. 친구가 "너 초콜릿 우유 좋아하잖아. 그러니까 초콜릿 케이크도 좋아할 거야!"라고 말한다면 이 결론엔 삼단논법이 가볍게 적용되었다고 볼 수 있어요. 전제는 '너는 초콜릿 맛을 좋아한다'라는 사실이고 결론은 '초콜릿 케이크도 좋아할 것이다'라는 추론이죠. 또 과학 시간에 배운 실험도 삼단논법의 힘을 빌려요. '모든 금속은 전기를 통한다. 구리는 금속이다. 따라서 구리는 전기를 통한다'라는 논리로 실험 결과를 예측하곤 하죠.

삼단논법은 논리를 정리하는 데 그치지 않고 우리의 설득력을 높여줍니다. "이건 왜 그래요?"라는 질문에 삼단논법으로

답하면 누구나 고개를 끄덕이게 되죠. '우리 반 친구들은 떡볶이를 좋아한다. 나는 우리 반 친구다. 따라서 나도 떡볶이를 좋아한다!' 이쯤 되면 삼단논법이 어떤 주장과 설득에도 쓸 수 있을 정도로 만능이라는 걸 알 수 있을 거예요. 이제 여러분도 논리적 대화를 할 때 삼단논법을 활용해 보세요. 아마 소크라테스 형님도 후배인 여러분을 보고 흐뭇하게 미소 지을 거예요!

소 잃고 외양간 고친다

이 속담은 삼단논법의 구조로 설명될 수 있는 속담입니다.

대전제: 문제가 발생하면 원인을 해결하거나 예방해야 한다.

소전제: 소를 잃은 이유는 외양간이 부서졌기 때문이었다.

결론: 외양간을 고쳐야 문제가 반복되지 않는다.

이 속담은 잘못된 행동이나 결과를 교훈 삼아 논리적으로 다음 단계를 도출하는 구조를 보여줍니다. 삼단논법에 따라 과거의 원인을 분석하고 이를 바탕으로 결론(외양간 수리)을 도출해 문제 해결로 이어지게 합니다.

붉은 머리 연맹과 덩컨 로스의 정체
- 연역적 추론Deductive Reasoning

명탐정 셜록 홈즈, 들어본 적 있죠? 워낙 유명하다 보니 실제 인물로 착각하는 사람도 많지만 사실 홈즈는 아서 코난 도일 작가가 1887년에 만들어낸 가상의 탐정이에요. 런던 베이커가 221B에 살면서 왓슨 박사와 함께 사건을 해결하는 모습이 너무 생생해서 마치 진짜 존재했던 인물처럼 느껴지죠.

홈즈가 이렇게 많은 팬을 거느리는 이유는 그의 놀라운 추리 기법 때문이에요. 미궁에 빠진 사건을 풀어내는 홈즈를 보면 독자들도 '와, 이걸 어떻게 알았지?' 하고 감탄하게 되죠. 그런데 이 추리가 단순히 작가의 상상력만으로 만들어진 건 아니에요. 코난 도일은 자신의 스승이었던 조셉 벨 박사의 뛰어난 관찰력과 추론 능력에서 영감을 받았다고 합니다. 그러니 홈즈는 소설 속에서 다시 태어난 벨 박사라고 해도 과언이 아니겠죠. 홈즈의 뛰어난 추리력이 발휘된 사건 이야기를 만나볼까요?

어느 날, 윌슨이라는 붉은 머리의 남성이 홈즈의 사무실 문을 힘차게 두드렸습니다. 잔뜩 굳어진 표정과 함께 그는 홈즈와 왓슨을 번갈아 바라보며 조심스럽게 입을 열었죠.

"사실 저는 붉은 머리 연맹이라는 단체에서 일하다가 이상한 일을 겪게 되었어요."

'이름부터 심상치 않은데.' 홈즈가 흥미로운 눈빛으로 물었습니다.

"붉은 머리 연맹이라니요? 더 자세히 이야기해 보시죠."

윌슨은 깊은 한숨을 내쉬며 이야기를 풀어나갔습니다. 자신은 전당포를 운영하고 있는데 그곳의 점원 스몰딩이 붉은 머리 연맹을 소개해 줬다는 것입니다. 이 단체는 붉은 머리를 가진 남성들에게 고액의 보수를 약속하며 단순한 업무를 맡기는 곳이었는데 윌슨은 백과사전을 베끼는 일을 맡았고, 매일 몇 시간 동안 그 일을 했다고 했습니다.

"단순한 일을 하면서 높은 보수를 받을 수 있으니 행운이라고 생각했죠. 그런데 하루아침에 연맹이 통째로 사라져 버렸습니다!"

"사라졌다고요? 연맹 사무실에 갔을 땐 어땠죠?"

"문이 굳게 닫혀 있었고, 내부는 텅 비어 있었습니다. 저를 고용했던 덩컨 로스라는 사람도 증발한 듯 사라졌고요. 나중에 알아보니, 그 이름도 가짜였더군요."

홈즈는 눈빛을 반짝이며 대답했습니다.

"흥미롭군요. 이런 일이 단순한 우연일 리 없지요. 뭔가 더 큰 목적이 숨어 있을 겁니다."

홈즈는 즉시 사건 조사에 나섰습니다. 단서들은 하나같이 이 사건이 장난이 아니라 치밀하게 계획된 범죄임을 가리키고 있었죠. 윌슨의 전당포가 위치한 건물 주변에서는 수상한 인물들의 출입이 잦았고, 연맹이 사라지기 직전 누군가가 지하로 드나드는 모습이 목격되었습니다.

"보십시오, 왓슨. 이 사건은 처음부터 붉은 머리 연맹이라는 이름으로 위장한 연막일 뿐입니다."

홈즈는 자신만만하게 말했습니다.

"윌슨 씨를 고용해 백과사전을 베끼게 한 이유는 단 하나, 전당포를 비우게 하기 위해서입니다. 윌슨 씨가 한가롭게 앉아 있는 동안, 지하에서는 전혀 다른 일이 벌어졌을 겁니다."

실제로 경찰과 함께 건물을 조사한 결과, 전당포 지하에서 근처 은행으로 이어지는 비밀 통로가 발견되었습니다. 범죄 조직은 윌슨이 백과사전을 베끼기 위해 자리를 비운 사이 은행을 털 계획을 세운 것이죠.

"붉은 머리 연맹이요? 그저 붉은 머리를 가진 당신을 이용하기 위해 만들어진 가짜 단체였던 겁니다."

홈즈는 윌슨의 손을 잡으며 말했습니다.

"당신 덕분에 범죄가 드러났습니다. 이번 사건, 성공적으로 해결되었군요."

윌슨은 안도하며 감사의 뜻을 전했습니다.

"정말 다행입니다. 이제야 모든 것이 명확해졌네요."

법칙에서 결론으로 점프하다

셜록 홈즈는 사건을 해결할 때마다 탁월한 추리력을 보여 줍니다. 그런데 그의 비법은 단순한 직감이나 운이 아니었어요. 홈즈가 즐겨 사용하는 방법은 바로 연역적 추론이었답니다. 연역적 추론이란 일반적인 법칙에서 출발해 구체적인 결론을 도출하는 논리적 사고 방식이에요. 이번에 홈즈가 해결한 '붉은 머리 연맹' 사건을 통해 이 추론법이 어떻게 작동하는지 한번 살펴볼까요?

사건은 붉은 머리를 가진 남성 윌슨 씨가 이상한 단체에 고용되었다가 갑작스레 해고되면서 시작됩니다. 윌슨은 신문에 난 '붉은 머리 연맹' 광고를 보고 지원했어요. 그리고 백과사전을 베끼는 단순한 일을 하며 높은 보수를 받게 되었죠. 하지만 어느 날 갑자기 단체가 없어져 버립니다. 뭔가 수상하죠? 홈즈는 윌슨의 이야기를 듣고 사건의 퍼즐 조각들을 하나하나 맞춰가기 시작합니다.

먼저 홈즈는 광고 내용을 분석했습니다. 광고가 붉은 머리 남성만을 모집한다는 점에서 이 조건에 어떤 의도가 숨겨져 있을 것이라 추론했어요. 일반적으로 광고는 사람들의 관심을 끌기 위한 수단이니까요. 두 번째로, 윌슨이 맡은 일이 지나치게 간단하다는 점에 주목했습니다. '백과사전 베끼기 같은 단순한 일에 이렇게 높은 보수를 준다고? 말이 안 돼!'라고 생각했죠. 홈즈는 윌슨을 전당포에서 떼어놓으려는 의도가 있다고 봤어요.

그리고 사건의 핵심 단서가 등장합니다. 윌슨의 전당포 위치가 은행 바로 옆이라는 사실이에요. 홈즈는 '은행이나 금은방

등 큰돈을 다루는 곳 근처에 있는 건물은 범죄의 표적이 될 가능성이 높다'라는 보편적인 원리를 떠올리며 은행이 범인들의 진짜 목표일 것이라고 추론했습니다. 마지막으로 윌슨을 고용한 사람인 덩컨 로스가 가명을 사용했다는 사실이 결정적인 단서가 되었어요. 가명은 대개 자신의 정체를 숨기기 위한 의도로 사용되니까요.

홈즈는 이렇게 네 가지 단서를 바탕으로 사건의 전모를 밝혀냅니다. 윌슨을 고용한 이유는 그를 전당포에서 멀리 떨어뜨려 놓으려는 것이었고, 붉은 머리 연맹은 사실 범인들이 만든 가짜 단체였습니다. 범인들은 윌슨이 자리를 비운 사이 은행을 터는 계획을 세웠던 거죠. 하지만 홈즈의 날카로운 추리 덕분에 그들의 범행은 사전에 저지되었습니다.

홈즈의 연역적 추론이 이렇게 놀라운 결론을 만들어낸 데는 몇 가지 중요한 원칙이 있습니다. 첫째, 전제의 진리입니다. 연역적 추론은 전제가 사실이어야만 결론도 신뢰할 수 있어요. 둘째, 논리적 일관성입니다. 전제와 결론이 자연스럽게 연결되어야 논리가 성립합니다. 셋째, 보편성입니다. 연역적 추론의 결론은 특정 상황뿐만 아니라 일반적인 경우에도 적용 가능해야 해요.

연역적 추론은 단순히 셜록 홈즈 같은 탐정만 사용하는 게 아닙니다. 여러분도 이미 일상에서 자주 활용하고 있을지도 몰라요. '내일 시험이라면 오늘 수업에서는 시험 범위 총정리를 하게 될 거야'라는 판단도 연역적 추론의 사례랍니다.

이처럼 일반적인 법칙에서 출발해 구체적인 상황으로 결론을 내리는 방식은 우리가 매일 마주하는 문제를 더 체계적으로 정리하고 해결할 수 있게 도와줘요. 공부 계획을 세울 때, 친구와 약속을 정할 때, 심지어 부모님께 용돈을 요청할 때도 자연스럽게 녹아들어 있답니다. 일상 속 문제와 마주쳤을 때 홈즈처럼 연역적 추론을 활용해 보세요. 법칙에서 결론으로 뛰어오르는 사고의 점프대를 제대로 활용하는 재미를 느낄 수 있을 거예요.

> **이은경쌤이 뽑은 한마디**
>
> **격물치지(格物致知)**
> 사물의 이치를 탐구하여 참된 지식에 도달한다는 뜻으로 논리적 사고와 학문의 근본 원리를 담고 있습니다. 이는 성리학에서 중요한 개념으로 탐구와 깨달음을 통해 인간의 도리를 바로잡고 진리를 추구하는 자세를 강조합니다. 격물(格物)은 사물의 이치를 깊이 탐구하는 것을, 치지(致知)는 이러한 탐구를 통해 참된 앎에 도달하는 것을 의미합니다. 이 과정은 논리적 사고에서 일반적인 법칙을 출발점으로 삼아 구체적인 상황을 해석하고 결론을 도출하는 연역적 사고와도 연결됩니다.

호숫가 백조의 비밀
- 귀납적 추론 Inductive Reasoning

　맑은 하늘에 구름 한 점 없는 일요일 오후, 호숫가는 따뜻한 햇볕과 부드러운 바람이 어우러져 마치 그림 같은 풍경을 자아내고 있었습니다. 그런데 이 평화로운 풍경 속에 전혀 예상치 못했던 논리 전쟁이 시작될 줄 누가 알았을까요.

　"아빠! 저기 봐요!"

　준서가 호수 한가운데를 가리키며 소리쳤습니다. 그의 손끝에는 순백의 깃털을 자랑하며 우아하게 떠 있는 백조 한 마리가 있었죠. 햇빛을 받으며 빛나는 백조의 모습은 정말 눈부

셨습니다.

"우와, 진짜 멋지다!"

예지가 감탄사를 뱉었습니다.

"그래, 백조는 원래 이렇게 아름다운 존재지."

아빠가 고개를 끄덕이며 말하자 준서는 갑자기 한 가지 의문이 떠오른 듯 물었습니다.

"근데, 백조는 다 하얀색이에요? 다른 색은 없어요?"

엄마가 생각에 잠기더니 대답했습니다.

"글쎄, 내가 본 백조는 다 하얗더라. 너희도 그렇지 않니?"

"맞아요, 동물원에서도 책에서도 하얀 백조밖에 못 봤어요."

잠시 고민하던 준서는 자신만만한 얼굴로 선언했습니다.

"그러니까, 모든 백조는 하얀색이군요!"

아빠는 눈을 반짝이며 감탄했습니다.

"오, 준서! 너 논리적으로 결론을 내렸네. 지금까지 우리가 본 걸로는 그 말이 맞아 보여."

그러나 예지는 그 말을 듣고 고개를 갸웃했습니다.

"근데요, 우리가 본 게 전부일까요? '내가 본 백조는 하얗다' 랑 '모든 백조가 하얗다'는 완전히 다른 말 아닌가요?"

"왜왜왜? 내가 본 백조가 다 하얀데 뭐가 문제야?"

두 남매가 눈을 번쩍이며 설전을 벌이는 가운데, 엄마는 작게 한숨을 쉬며 말했죠.

"얘들아, 이제 그만. 산책 나왔으니 머리 아픈 얘긴 잠깐 넣어두자."

아빠도 웃으며 덧붙였습니다.

"좋아, 논리는 한 걸음씩 배우는 거야. 다음에 또 백조를 보러 오자. 그땐 확실히 알게 될지도 모르지."

그러자 준서가 뛰어가며 외쳤습니다.

"다음엔 진짜로 확인해 볼 거예요! 모든 백조가 다 하얀지 직접 볼 거라고요!"

가족은 웃으며 다시 호숫가를 따라 걸음을 옮겼습니다. 그런데 그때, 흥미로운 반전이 일어났어요. 호수 반대편에서 또 다른 백조 한 마리가 나타난 것이죠. 깃털은 짙은 회색빛을 띠고 있었고 물 위를 떠다니는 모습은 이전의 순백 백조와는 완전히 다른 느낌이었습니다. 예지가 멈춰 서서 손가락으로 백조를 가리키며 외쳤죠. "어? 저건 뭐야?" 준서도 멈칫하며 말했습니다. "회색 백조? 백조가 꼭 하얀색인 건 아니었나 봐요."

엄마는 조용히 고개를 끄덕였습니다.

"그래, 우리가 관찰한 모든 백조가 하얗다고 해서 세상의 모든 백조가 하얗다고 단정할 순 없었던 거야. 이게 바로 귀납적 추론의 한계란다."

아빠가 흐뭇하게 웃으며 덧붙였습니다.

"귀납적 추론은 관찰을 바탕으로 결론을 내리지만 새로운 관찰이 나타나면 언제든 수정될 수 있어. 그러니까 틀렸다기보단 결론이 더 풍부해진 거지."

예지는 입꼬리를 살짝 올리며 말했습니다. "그럼 이제 결론은 '대부분 백조는 하얗다. 하지만 모든 백조가 하얗진 않다'가 되는 거네요." 준서는 입을 꾹 다물고 회색 백조를 물끄러미 바라보더니 작은 목소리로 중얼거렸습니다.

"다음엔 진짜로 모든 색의 백조를 다 찾아봐야겠어."

햇살은 여전히 반짝였고, 호숫가를 거니는 가족의 모습은 한층 더 생각에 잠긴 듯 보였습니다. 논리적 추론이 빚어낸 작은 소동은 이렇게 끝이 났지만 회색 백조는 여전히 호수 위를 유유히 떠다니며 평화를 만끽하고 있네요.

작은 관찰에서 큰 진리를 발견하다

준서는 공원에서 하얀 백조를 보며 속으로 이렇게 생각했어요. '백조는 다 하얀색이구나!' 하지만 잠시 후, 물 위를 떠다니는 회색 백조를 보자 눈이 휘둥그레졌습니다. '어? 백조가 꼭 하얀색만 있는 건 아니었네?' 준서는 멋쩍게 웃으며 생각을 정리했죠. '모든 백조가 하얀 건 아니고, 대부분 하얗다고 해야 맞겠네.' 이렇게 작은 발견 하나가 준서를 새로운 결론으로 이끌었고, 이는 귀납적 추론의 매력을 그대로 보여줍니다.

귀납적 추론이란 여러 사례를 통해 일반적인 결론을 이끌어내는 사고 과정이에요. 준서가 처음 하얀 백조를 보고 내렸던 결론도 나름 논리적이었지만 회색 백조라는 새로운 사례가 나타나자 자신의 결론을 수정했죠. 관찰을 통해 결론을 내리고 필요하면 이를 다시 조정하는 과정이 바로 귀납적 추론의 핵심입니다. 세상을 이해하는 데 이보다 유용한 방법이 또 있을까요?

과학자들도 자연의 법칙을 발견할 때 귀납적 추론을 활용합니다. 다양한 금속의 실험을 통해 모두 전기를 잘 통한다는 공통점을 발견하고 '모든 금속은 전기를 통한다'라는 결론에 도달했죠. 오늘날 전기 기술의 기초가 된 이 간단한 결론은 작은 관찰에서 시작되었습니다. 마치 준서가 회색 백조를 보며 자신의 생각을 넓혔던 것처럼요.

우리도 일상에서 귀납적 추론을 자주 사용합니다. 아침에 구름이 잔뜩 끼어 있으면 '오늘은 비가 올지도 몰라'라고 생각하며 우산을 챙기는 것처럼 말이죠. 물론 비가 오지 않을 수도 있지만 이런 추론 덕분에 비에 흠뻑 젖는 불상사를 피할 수 있습니다.

귀납적 추론이 항상 옳은 결론을 보장하는 것은 아닙니다. 관찰한 사례가 충분하지 않거나 예외적인 사례가 나타나면 기존의 결론은 언제든 수정될 수 있어요. 이것이 귀납적 추론의 한계이자 매력입니다. 새로운 관찰을 받아늘여 결론을 유연하게 조정하는 힘이야말로 귀납적 추론의 진정한 장점이죠.

준서의 이야기를 다시 떠올려 볼까요? 처음에 그는 하얀 백조만 보고 '모든 백조는 하얗다'라고 결론을 내렸습니다. 하지만 회색 백조를 발견한 후에는 자신의 생각을 '대부분 백조는 하얗다'로 바꿨어요. 이는 단순히 틀렸음을 인정하는 게 아니라 세상을 바라보는 관점을 넓고 깊게 만드는 과정입니다. 귀납적 추론은 이런 유연함을 통해 더 나은 결론과 더 깊은 이해로 나아가게 합니다.

이 유연함은 논리적 사고뿐만 아니라 우리의 일상, 학습, 심지어 인간관계에도 큰 영향을 미칩니다. '이 사람은 언제나 친절하네'라고 생각했는데 예상치 못한 상황에서 그 사람이 화를 내는 모습을 보게 된다면 어떨까요? 우리는 그 사람을 '항상 친절한 사람'으로 단정 짓는 대신 '대체로 친절하지만 화를 낼 때도 있는 사람'으로 다시 정의할 수 있게 됩니다. 이렇게 생각의 유연성을 가지면 타인을 더 깊이 이해할 수 있고 관계도 더욱 풍요로워질 거예요.

일엽지추(一葉知秋)

하나의 나뭇잎이 떨어지는 것을 보고 가을이 왔음을 깨닫는다는 뜻으로 작은 변화 속에서 큰 흐름을 읽어내는 지혜를 나타냅니다. 이는 단순한 관찰을 넘어 그 관찰이 품고 있는 더 큰 의미를 이해하는 데서 비롯된 통찰력을 상징합니다. 가령 나뭇잎 하나가 바람에 흔들리다 떨어지는 모습을 통해 계절의 변화를 예측하는 것처럼 작은 단서 하나에서 전체적인 맥락을 파악하는 능력을 강조하죠. 이러한 태도는 귀납적 사고의 본질을 잘 보여줍니다.

아이폰, 손가락이 키보드다
- 가설 추론Hypothetical Reasoning

2007년 1월 9일, 샌프란시스코 맥월드 컨벤션 센터.

천여 명의 사람들이 숨죽이며 무대를 바라보고 있었습니다. 검은 터틀넥과 청바지를 입은 스티브 잡스가 무대 위로 등장하자 박수가 터져 나왔죠. 그는 특유의 미소를 지으며 천천히 관중을 둘러본 뒤 말했습니다.

"오늘 우리는 역사적인 날을 맞이했습니다. 전혀 새로운 방식의 전화기를 발명했거든요."

그가 손에 든 작은 기계를 들어 올리자 모두의 시선이 그의 손끝에 집중되었습니다.

"이것은 단순한 전화기가 아닙니다. 세 가지 기기를 하나로 합쳤죠. 터치 컨트롤을 지닌 아이팟, 혁신적인 휴대 전화기, 그리고 인터넷을 통한 소통장치, 우리는 이것을 아이폰iPhone이라고 부릅니다!"

관객들은 숨을 멈춘 듯 고요하다가 곧 환호성을 질렀습니다. 그때까지도 사람들은 스마트폰이라는 개념을 상상조차 하지 못했죠. 휴대전화는 통화와 문자를 위한 도구였고, 음악을 들으려면 MP3 플레이어가, 인터넷을 하려면 컴퓨터가 필요했습니다. 그런데 잡스는 이 모든 걸 하나로 합친 기기를 들고 나온 것입니다.

잡스는 아이폰의 터치스크린을 시연하며 말했습니다.

"이 기기에는 물리적 키보드가 없습니다. 버튼도 딱 하나뿐이죠. 왜냐하면 손가락이야말로 우리가 가진 가장 완벽한 도구이기 때문입니다."

그는 화면을 두 손가락으로 확대하고 스크롤하며 음악을 재생해 보였고 관객석에서 감탄이 쏟아졌습니다.

"우리는 인터넷도 새롭게 정의했습니다. 이제 주머니 속에서 웹 서핑을 하고 이메일을 확인할 수 있습니다."

당시로서는 믿기 어려운 일이었습니다. 잡스는 이런 혁신적인 아이디어를 현실로 만들기 위해 수많은 가설을 세우고 그 가능성을 시험해 왔습니다. '복잡한 키보드를 없앨 수 있는 방법은 무엇일까?', '모든 기능을 하나의 기기에 넣는 것이 가능할까?', '이 기기는 얼마나 직관적이고 단순해야 사람들에게 사랑받을까?' 그는 매 순간 자신과 직원들에게 질문을 던지며 끊임없이 실험하고 개선해 나갔죠.

잡스의 발표가 끝나자마자 관객들은 기립박수를 보냈습니다. 기자들은 이 순간을 놓치지 않으려 카메라 셔터를 누르기 바빴고 이튿날, 언론은 그의 발표를 대서 특필했습니다. 《뉴욕 타임스》는 '스티브 잡스, 통신의 패러다임을 뒤집다'라는 제목으로 기사를 썼습니다. "아이폰은 단순히 전화기의 새로운 모델이 아니다. 이것은 인간과 기술이 만나는 새로운 방식이다." 《월스트리트 저널》은 '잡스가 세운 가설은 이제 현실이 되었다. 이 기기는 단순한 휴대폰을 넘어 일상의 모든 것을 담고 있다'라며 극찬을 아끼지 않았습니다. 세계는 이 새로운 기기에 열광했습니다. 당시 영국 BBC 방송은 "이건 단순히 미국의 발명품이 아니다. 글로벌 혁신이다. 이제 우리는 아이폰 전후의 시대로 나뉠 것이다"라고 보도했죠.

그런 잡스의 도전 정신은 2005년 스탠퍼드 대학 졸업식 연설에서도 드러납니다.

"Stay Hungry. Stay Foolish(늘 배고프고, 늘 어리석게 있어라)."

이 짧은 문장은 젊은 세대에게 뜨거운 영감을 주었습니다. 그는 연설에서 자신의 삶을 점들로 비유하며 이렇게 말했죠.

"지금 당장은 그 점들이 의미 없어 보일지 몰라도, 언젠가 뒤돌아보면 그것들이 어떻게든 연결될 것입니다. 중요한 건 자신을 믿고, 미래를 믿으며 나아가는 겁니다."

이 연설은 단순히 멋진 말로 끝나지 않았습니다. 잡스는 자신의 말처럼 늘 끊임없이 질문했고, 혁신을 향해 돌진했습니다. 그리고 그 예측은 맞아떨어졌습니다. 아이폰은 단순한 기기를 넘어 사람들의 삶을 완전히 뒤바꿨죠. 통화와 인터넷, 음악 감상이 하나의 기기에서 가능해지면서 일상과 업무, 소통 방식이 모두 변했고 2025년 현재, 전 세계 인구의 약 80%가 스마트폰을 사용하고 있답니다.

잡스가 그날 무대 위에서 남긴 마지막 한 마디는 지금도 회자됩니다. '오늘 우리는 새로운 역사를 시작했습니다. 이제 세상은 아이폰 이전과 이후로 나뉠 것입니다.' 그의 끊임없는 질문과 실험, 그리고 도전이 만들어낸 아이폰은 단순한 도구를 넘어 우리의 손바닥 안에서 세상을 연결하는 혁신의 상징이 되었습니다.

의문에서 혁신으로 뛰어오르다

스티브 잡스는 한 번 상상에 빠지면 그냥 지나치지 않는 사람이었습니다. '왜 휴대전화는 통화만 할 수 있어야 하지?' 같은 질문을 던지며 손에 쥘 수 있는 작은 기계로 음악도 듣고, 인터넷도 하고, 전화도 할 수 있는 세상을 꿈꿨습니다. 당시 사람들은 "말도 안 돼!"라며 코웃음을 쳤지만 잡스는 멈추지 않았죠. 그는 상상을 가설로, 가설을 실험으로, 그리고 실험을 현실로 바꾸는 마법 같은 과정을 거쳐 결국 아이폰이라는 혁신을 만들어냈습니다. 이 모든 과정의 시작에는 '이게 가능할까?'라는 질문이 있었습니다.

가설 추론은 이렇게 질문에서 시작됩니다. '이게 정말 가능할까?' 혹은 '만약 이렇게 하면 어떻게 될까?' 이때 우리는 스스로 가설을 세우고 이를 검증하며 새로운 답을 찾아냅니다. 사실 이런 사고방식은 스티브 잡스 같은 천재들만의 전유물이 아니에요. 여러분도 이미 일상에서 가설 추론을 자주 사용하고 있답니다.

여러분이 식물을 키우고 있다고 상상해 볼까요? 식물이 더 잘 자라게 하려면 물을 얼마나 줘야 할지 고민되겠죠? '물을 더 많이 주면 잘 자랄까?'라는 가설을 세우고 실제로 물을 늘려본 뒤 식물의 반응을 관찰합니다. 식물이 싱싱해지면 가설이 맞았던 거고, 잎이 누렇게 변하면 '아, 너무 많이 줬구나!' 하며 가설을 수정하게 되죠. 이처럼 가설 추론은 실패도 배우는 과정으로 만들어줍니다. 실패는 단지 잘못된 결론이 아니라 더 나은 선택으로 나아가기 위한 중요한 단계니까요.

가설 추론의 핵심은 단순히 질문하는 데서 끝나지 않고, 그 질문을 논리석으로 확장하고 실제로 실험하며 결과를 확인하는 데 있어요. 가령 '매일 아침 운동을 하면 집중력이 좋아질까?'라는 질문이 떠올랐다면 이를 가설로 삼아 매일 아침 운동을 하고 하루 동안 얼마나 집중했는지 기록해 볼 수 있겠죠. 만약 집중력이 정말 좋아졌다면 그 가설은 어느 정도 맞는 셈입니다. 하지만 기대했던 만큼의 변화가 없다면? '어쩌면 운동을 하는 시간이나 강도가 더 중요할지도 몰라!'라며 새로운 가설을 세울 수도 있습니다.

가설 추론에서 중요한 건 가설이 검증 가능한 근거를 바탕으로 세워져야 한다는 점이에요. '이건 아마 될 거야!'라며 막연히 던진 추측은 도움이 되지 않아요. 또한 가설을 검증할 때는 객관적으로 데이터를 수집하고 결과를 편향 없이 분석하는 태도가 중요합니다. 자신의 기대나 바람이 결과에 영향을 미치지 않도록 조심해야 하죠. 마지막으로 한 번의 실험만으로 결론을 내리기보다는 여러 번 반복 검증하며 다양한 관점에서 확인해 오류를 줄이려는 노력도 필요합니다.

가설 추론은 마치 끝없는 탐험과도 같습니다. 질문을 던지고 답을 찾기 위해 실험하며 예상치 못한 결과를 만나는 과정은 흥미롭고 배움으로 가득 차 있어요. 여러분도 오늘부터 작은 가설을 세워보세요. '이렇게 하면 더 잘될까?'라는 단순한 물음에서 시작해 세상을 조금 더 재미있고 새롭게 바라볼 기회를 얻게 될 거예요. 그리고 실패해도 괜찮아요. 실패는 언제나 새로운 가능성으로 향하는 길이니까요.

이은경쌤이 뽑은 한마디

달 보고 짖는 개

근거 없이 행동하거나 판단하는 경우를 풍자하는 속담입니다. 이는 무언가에 대한 확실한 이유나 증거 없이 단순히 보이는 것만으로 행동하면, 그 행동이 결국 헛된 소음에 그칠 수 있음을 경고합니다. 가설을 세우고 이를 검증하는 과정이 얼마나 중요한지를 상기시키며, 섣부른 판단과 행동이 얼마나 허술하고 무의미한 결과를 가져올 수 있는지 알려줍니다. 이 속담은 특히 논리적 사고나 문제 해결 과정에서 확실한 근거를 바탕으로 신중히 접근해야 한다는 교훈을 담고 있습니다.

치코와 두 엄마의 비밀

- 유추 추론 Analogical Reasoning

우리가 심리학에서 배우는 많은 흥미로운 사실들은 알고 보면 꽤 많은 사례들이 동물 친구들 덕분이라는 거 알고 있었나요? 오늘은 동물 실험 중에서도 아주 특별한 이야기를 들려드릴게요. 바로 심리학자 해리 할로와 새끼 원숭이들의 따뜻하면서도 놀라운 실험에 관한 동화로 제목은 〈치코와 두 엄마의 비밀〉입니다.

새끼 원숭이 치코는 하루아침에 이상한 세상에 떨어졌습니다. 눈을 떠보니 앞에는 두 명의 엄마가 서 있었어요. 아니, 엄마라고 하기엔 조금 이상한 모습이었죠. 한 명은 부드러운 천으로 몸을 감싸고 있었고 한눈에 보기에도 포근하고 따뜻해 보였어요. '음, 엄마 느낌이 나는데?' 치코는 생각했죠.

하지만 옆에 있는 다른 엄마는 좀 기괴했습니다. 차갑고 딱딱한 철사로 이루어진 몸에 섯병만 딩그러니 딜려 있었기든요. 치코는 작게 중얼거렸습니다.

"뭐야, 이분은 왜 이렇게 무섭게 생겼지? 외계인인가?"

시간이 지나면서 치코는 점점 배가 고파졌습니다. 어디선가 꼬르륵 소리가 들릴 때마다 그는 천 엄마를 힐끗 쳐다보며 생각했어요.

'이분은 포근하긴 한데 먹을 걸 안 주시네. 철사 엄마한테 가야 하나?'

결국 치코는 배고픔을 참지 못하고 철사 엄마에게 다가갔습니다. 철사 엄마는 말이 없었어요. 그저 차가운 몸으로 치코를 바라볼 뿐이었죠.

"아이쿠, 추워. 그래도 배가 너무 고프니 일단 먹자."

치코는 젖병에 얼굴을 파묻고 열심히 우유를 빨아들였습니다. 그런데 배가 부르자 치코의 마음은 급속도로 변했어요.

"이제 나 여기 있기 싫어!"

치코는 잽싸게 천 엄마에게 달려가 안겼습니다. 부드럽고 따뜻한 천 엄마는 아무 말 없이 치코를 품어줬어요. 치코는 한숨을 내쉬며 생각했죠.

'이거야, 이거! 이게 바로 내가 찾던 안정감이야!'

그날 이후 치코는 철사 엄마에게는 배고플 때만 잠깐 들렀다가, 다시 천 엄마에게로 돌아오는 행동을 반복했습니다.

하루는 실험실 안에서 갑자기 이상한 소리가 들렸습니다. 큰 소리와 함께 낯선 물체가 덜컹거리며 등장한 거예요. 치코는 깜짝 놀라 두리번거리다가 곧장 천 엄마에게 달려가 꼭 안겼습니다.

"엄마! 무서워요! 날 지켜주세요!"

천 엄마는 조용히 치코를 감싸줬습니다. 그 순간 치코는 깨달았죠. '아, 엄마라는 건 단순히 배고픔을 해결해 주는 사람이 아니구나. 날 지켜주고 안정감을 주는 존재였어!' 해리 할로 박사는 이 모습을 관찰하며 고개를 끄덕였습니다. 그리고 천 엄마를 보며 속삭였어요.

"포근함과 안정감을 주는 존재, 당신이야말로 진짜 엄마네요. 철사 엄마는 치코에게 한 끼 식사를 해결해 주는 존재였을 뿐 진짜 엄마가 될 수 없었어요."

치코는 그날도 천 엄마 품에 꼭 안겨 깊은 잠에 빠졌습니다.

꿈속에서 그는 따뜻한 엄마가 자신을 꼭 껴안아 주는 모습을 떠올렸죠. "맞아, 이거야! 따뜻하고 편안하고 날 사랑해 주는 엄마!" 여전히 철사 엄마는 차갑고 무뚝뚝한 모습으로 구석에 서 있었습니다. 치코는 철사 엄마를 보며 작게 중얼거렸죠. "철사 엄마, 고마웠어요. 하지만 나는 천 엄마랑 함께할게요. 그래도 고마웠어요…. 우유는 맛있었거든요!"

그렇게 치코는 천 엄마의 품에서 꿀잠을 자며 해리 할로 박사의 실험에 역사적인 데이터를 제공했습니다. 철사 엄마는 여전히 그곳에 있었지만 치코의 마음속 엄마는 단 한 명뿐이었어요.

이 실험은 치코 덕분에 세상에 중요한 교훈을 남겼답니다. 따뜻한 품, 안정감, 그리고 사랑. 그것이야말로 진짜 애착의 시작이라는 걸요.

비슷한 상황이 열어주는 새로운 통찰

새끼 원숭이가 두 엄마 중 진짜 엄마를 선택하는 과정과 이유를 통해 인간인 우리의 애착 형성의 과정과 이유를 추측할 수 있어요. 이게 바로 유추 추론이에요. 어떤 대상을 보고 비슷한 또 다른 대상을 떠올리며 가능성을 예측하는 사고방식이죠. 유추 추론이 성공적으로 작동하려면 몇 가지 조건이 필요해요.

첫 번째는 비교하는 두 대상 사이의 구조적 유사성이 있어야 한다는 점이에요. 겉으로 보기엔 비슷해 보이지만 속까지 닮지 않았다면 잘못된 결론으로 이어질 가능성이 크거든요. 원숭이와 인간의 애착 형성이 비슷하다고 말하려면 정서적 반응이나 뇌 구조가 닮아 있다는 점이 확인되어야 해요. 만약 그런 근거가 없다면, 단순히 '둘 다 포유류다' 같은 이유로 동일하다고 주장할 순 없겠죠.

두 번째로 중요한 건 비교 대상이 논점과 관련 있는 요소여야 해요. 앞선 원숭이 실험에서 천으로 된 엄마와 철사로 된 엄마의 차이가 애착 형성에 미치는 영향을 논하려면 안정감이라는 핵심 주제를 근거로 삼아야 해요. 그런데 갑자기 원숭이 털색깔이 애착 형성에 중요하다고 주장하면 듣는 사람들은 '엥? 무슨 말이야?' 하고 고개를 갸우뚱할 겁니다.

세 번째는 다양한 사례를 통해 근거를 보강하는 거예요. 세상에는 변수가 많기 때문에 하나의 사례에만 의존해서 결론을 내리면 위험할 수 있어요. 애착 실험 역시 원숭이뿐만 아니라 쥐나 새 같은 동물 실험에서도 비슷한 결과가 나왔다면 훨씬 더 신뢰할 수 있는 결론에 도달할 수 있겠죠.

마지막으로 유추 추론은 결론을 지나치게 확대하지 않는 게 중요해요. 원숭이 실험에서 나온 결과를 인간의 애착 형성에 대입하는 건 가능하지만 그것으로 인간의 모든 정서와 행동까지 설명하려는 건 무리겠죠. 유추 추론은 논리의 한계를 정확히 이해하고 그 범위 안에서 결론을 내릴 때 가장 강력한 도구가 됩니다.

유추 추론은 단순히 과학적 실험에서만 쓰이는 게 아니에요. 예술, 교육, 발명 등 다양한 분야에서도 우리의 사고를 넓히는 데에 큰 역할을 해요. 비행기는 새의 날갯짓을 보고 설계되었고, 벨크로라고 불리는 찍찍이는 식물 씨앗의 가시에서 영감을 받아 만들어졌죠.

사실 여러분도 매일 유추 추론을 하고 있어요. 친구가 추천한 영화가 재미있었다면 그 감독의 다른 영화도 재미있을 거라 기대하죠. 또 어느 브랜드의 옷이 마음에 들었다면 같은 브랜드의 신발도 괜찮을 거라 추측해요. 유추 추론은 이렇게 우리의 선택을 돕고 가끔은 예상치 못한 새로운 발견으로 우리를 이끌어주기도 한답니.

그러니 다음번에 유추 추론을 하게 된다면 잠깐 멈춰서 이렇게 생각해 보세요. '이 두 가지가 정말 닮았을까?', '내가 놓친 다른 사례는 없을까?', '충분히 실험했나?' 같은 질문을 던지며 추론을 조금 더 꼼꼼하게 다듬으면 여러분의 생각은 훨씬 더 촘촘하고 깊어질 거예요.

이은경쌤이 뽑은 한마디

삼인성호(三人成虎)
세 사람이 거짓말을 하면 거짓말도 진실로 믿게 된다는 뜻을 가진 고사성어입니다. 한 사람이 "저 도시에 호랑이가 나타났다"라고 말하면 아무도 믿지 않겠지만 두세 사람이 똑같은 이야기를 반복하면 사람들은 이를 사실로 받아들일 가능성이 높아집니다. 이 고사성어는 사소한 거짓말이라도 여러 번 반복되면 진실처럼 여겨질 수 있음을 경고하며, 신뢰를 지키는 태도의 중요성을 강조합니다.

다수결, 눈물의 길로 이어진 선택
- 귀류법 Proof by Contradiction

얼마 전 도심 속 오래된 동네에서 재개발이 논의됐습니다. 주민들의 고향 같은 집과 상점들이 철거될 위기에 처한 것이죠. 반대하는 사람들은 "이곳은 우리가 살아온 터전입니다!"라며 울분을 토했지만 찬성 측은 "새로운 아파트가 들어서야 발전이 있죠!"라고 주장했죠. 결국 투표가 이루어졌습니다. 결과는 찬성 60%, 반대 40%. 다수결에 따라 재개발이 결정됐습니다. 하지만 반대 측 주민들은 묻습니다.

"다수가 결정했다고 해서 모두가 행복해지는 건가요?"

이 상황은 사실 200여 년 전 미국에서도 비슷하게 벌어진 일이었습니다. 시간을 거슬러 1830년대 미국으로 떠나볼까요? 그곳에서도 다수결의 힘이 작용했지만 그 결과 누구에게도 잊히지 않을 비극을 낳았죠.

1830년대, 미국은 서부로 확장하려는 열망에 휩싸여 있었습니다. 비옥한 땅이 백인 정착민들에게는 새로운 기회처럼 보였어요. '서쪽으로 가면 농사를 지을 수 있는 땅이 널려 있어!' 사람들은 희망을 안고 서쪽을 바라봤죠. 하지만 그 땅은 이미 오래전부터 원주민 부족들이 살고 있었습니다.

당시 대통령이었던 앤드루 잭슨은 "미국의 미래를 위해서라면 원주민들이 그 땅을 비워야 한다"라고 주장했습니다. 그는 '인디언 이주법'을 제안하며 의회를 설득하기 시작했죠. "땅을 제대로 사용해야 우리 국민이 더 잘 살 수 있습니다!" 그의 말에 많은 의원들이 고개를 끄덕였습니다.

하지만 모든 사람이 동의한 것은 아니었어요. 일부 의원들은 "원주민들도 미국 시민입니다! 그들의 권리를 무시할 순 없습니다!"라며 반대했죠. 격렬한 토론 끝에 법안은 하원에서 찬성 102표, 반대 97표로 간신히 통과됐습니다. 다수결로 정해진 일이었지만 원주민들에게는 투표권조차 없었습니다. 그들의 목소리는 철저히 배제된 채 운명이 결정됐던 거죠.

법안이 통과된 후 체로키 부족은 고향을 떠나라는 명령을 받았습니다.

"조상 대대로 살아온 땅을 떠나라고요? 여기는 우리의 전부입니다!"

그들의 절규는 들리지 않았습니다. 체로키 부족은 약 1,600킬로미터에 이르는 길을 걸어서 이동해야 했습니다. 이 여정은 오늘날 '눈물의 길Trail of Tears'로 알려져 있습니다. 추위와 배고픔, 질병에 시달리며 약 4,000명이 목숨을 잃었습니다. 이 모든 것이 다수결의 결과였습니다. 백인 정착민들은 새로운 땅에서 농사를 지으며 꿈을 이뤘을지 모르지만 원주민들은 삶의 터전과 희망을 잃었습니다.

다시 현대의 이야기로 돌아와 봅시다. 재개발이 결정된 동네에서는 반대했던 주민들이 울상을 짓고 있었습니다. "우린 어디로 가야 하죠? 새로운 아파트를 살 돈이 없는데요." 그들에게 재개발은 발전이 아닌 삶의 기반을 잃는 일이었습니다. 찬성 측 주민들은 말합니다. "다수결로 결정 난 일이니 어쩔 수 없죠. 다수가 원하는 방향으로 가야 공정한 것 아니겠습니까?"

그렇다면 다수결이란 정말 공정한 방식일까요? 다수의 목소리가 크다고 해서 소수의 고통이 묵살되어도 되는 걸까요? 미국의 원주민 이야기와 지금의 재개발 사례는 다수결이라는 민주주의의 도구가 얼마나 큰 힘을 가지는지를 보여줍니다. 하지만 그 힘은 종종 소수의 희생을 대가로 삼기도 합니다. 다수결은 공동체의 방향을 정하는 중요한 방법이지만 그 과정에서 소수의 목소리를 외면하지 않는 태도도 반드시 필요합니다.

다수결은 분명 민주주의의 핵심 원칙 중 하나입니다. 하지만 이 원칙이 모두에게 공정하려면 다수의 결정 뒤에 숨겨진 소수의 아픔을 돌아보는 것이 중요합니다. 다수결로 결정된 재개발이 모두의 행복으로 이어지길 바라며 과거의 눈물의 길 같은 비극이 되풀이되지 않기를 소망해 봅니다.

모순을 찾아 결론에 이르는 논리의 탐정

다수결은 언제나 공정할까요? 한번쯤 들어봤을 이 질문에 대해 귀류법이라는 흥미로운 논리 도구를 통해 답을 찾아볼까요? 귀류법은 우리가 세운 가정을 시험대에 올려보는 과정입니다. 어떤 가정이 정말 맞는지 아니면 틀렸는지 논리적으로 탐구하는 방식이죠.

우선 '다수결이 항상 공정하다'라는 가정을 세워볼게요. 이 가정이 맞다면 다수결로 내린 모든 결정은 정의롭고, 아무도 피해를 입지 않아야 해요. 하지만 앞에서 살펴본 이야기처럼 모두가 그런 것은 아닙니다.

1830년대 미국은 서부로의 확장을 꿈꾸며 인디언 이주법을 제정했습니다. 의회에서는 이 법안이 하원에서 가까스로 통과됐죠. 다수결로 결정된 일이었지만 그 결과 수많은 원주민이 고향을 떠나 눈물의 길을 걷게 되었어요. 추위와 배고픔, 질병에 시달리며 약 4,000명이 목숨을 잃었죠. 다수의 목소리로 내린 결정이 모두에게 공정하지 않았던 거예요.

이제 다시 가정으로 돌아가 보죠. '다수결이 항상 공정하다'라는 가정이 옳다면 왜 원주민들은 그렇게 큰 고통을 겪었을까요? 이 질문에서 모순이 드러납니다. 따라서 귀류법을 통해 이 가정은 틀렸다는 결론에 도달할 수 있죠. 귀류법은 이런 식으로 작동합니다. 가정을 세우고, 논리를 따라 전개하다가 모순을 발견하면 그 가정이 잘못됐음을 증명하는 겁니다. 단순히 '이건 틀렸어'라고 말하는 게 아니라 왜 틀렸는지를 논리적으로 설명할 수 있게 도와주는 거죠.

귀류법을 더 쉽게 이해하기 위해 짝수와 홀수 이야기를 해볼게요. 이렇게 가정해 봅시다.

"두 개의 짝수를 더하면 홀수가 된다."

이게 맞는 말인지 한번 살펴보죠. 먼저 짝수는 2로 나누어떨어지는 숫자예요. 예를 들어, 2, 4, 6 같은 숫자가 짝수죠. 그럼 짝수 두 개를 더해볼까요?

2 + 4 = 6

6 + 8 = 14

이렇게 더해보면 항상 짝수가 나옵니다. 그런데 가정에서는 두 짝수를 더하면 홀수가 된다고 했어요. 홀수는 1, 3, 5, 7처럼 2로 나누면 나머지가 1이 남는 숫자죠. 짝수를 아무리 더해도 홀수가 나오지 않는 걸 보면, 처음 가정이 틀렸다는 걸 알 수 있어요.

귀류법이 제대로 작동하려면 몇 가지 원칙을 기억해야 해요. 첫째, 가정은 명확하고 구체적이어야 합니다. 애매한 가정은 논리적 검증을 어렵게 만들죠. 둘째, 논리 전개는 체계적이어야 합니다. 논리가 튼튼해야 모순이 드러날 때 그 의미가 분명해져요. 셋째, 모순을 정확히 찾아내야 합니다. 모순은 가정이 틀렸음을 증명하는 핵심 단서니까요.

귀류법은 단순히 논리를 다루는 도구를 넘어 우리의 사고력을 확장하고 깊게 만드는 데 도움을 줍니다. 한 번 더 '다수결은 항상 공정하다'라는 가정으로 돌아가 봅시다. 눈물의 길 사건처럼 다수의 결정이 소수에게 큰 고통을 주는 결과를 낳는다면 우리는 단순히 다수결이 정의롭다고 믿기보다, 그 결정의 과정을 더 꼼꼼히 들여다봐야 하지 않을까요?

이은경쌤이 뽑은 한마디

파사현정(破邪顯正)

그릇된 것을 깨뜨리고 올바른 것을 드러낸다는 뜻으로 잘못된 주장이나 논리를 부정하여 진리를 밝히는 과정을 의미합니다. 이는 귀류법과 관련이 깊은데, 귀류법은 잘못된 가정을 설정한 뒤 그 모순을 드러내어 해당 가정이 틀렸음을 증명합니다. 이러한 방식은 파사현정의 본질과 일치하며 논리적 오류를 제거하고 올바른 판단과 진리를 드러내는 데 효과적입니다.

아이돌과 배우의 떡볶이 집콕 예능
- 사례 기반 추론Case-Based Reasoning

저는 아이돌 그룹 '하이라이츠'의 메인 보컬 준우입니다. 하이라이츠는 다섯 명의 멤버로 구성된 그룹으로 데뷔한 지 5년이 넘었어요. 팀 이름처럼 늘 팬들에게 빛나는 순간을 선사하겠다는 마음으로 활동하고 있답니다. 저희 노래 중엔 빠른 비트의 신나는 곡도 있고, 감성을 자극하는 발라드도 있어요. 특히 제가 참여한 곡 중에는 팬들이 '준우 파트에서 심장 멈출 뻔했어!'라고 말해주는 노래도 꽤 많아요.

그룹에서 제 역할은 메인 보컬인데요, 무대에서 가장 감정이 폭발하는 순간을 책임지는 자리라고 생각해요. 멤버들이 저를 종종 '목소리 요정'이라 부르는데, 그럴 때마다 "무슨 요정이야, 그냥 준우지!" 하면서도 속으로는 기분이 살짝 좋아져요. 나머지 멤버들 역시 각자 매력과 역할이 뚜렷해요. 성훈 형은 든든한 리더십으로 팀을 이끌고, 댄스 담당인 윤기가 무대를 폭발적으로 만들어주죠. 래퍼 태오는 가사를 직접 쓰며 팀의 목소리를 담아내고, 막내 재희는 귀여운 외모와는 달리 무대 위에서 완벽 카리스마를 뽐낸답니다.

어젯밤 몇 주간의 해외 투어를 마치고 드디어 한국에 돌아왔어요. 집에 들어서는 순간, 온몸이 녹아내리는 기분이 들더라고요. 한동안 낯선 호텔 침대에서 자느라 허리가 뻐근했는데 오랜만에 내 방 침대에 몸을 던지니 '아, 여기가 천국이구나' 싶었어요.

문득 배가 고파져 냉장고 문을 열었어요. 그런데 역시 예상대로 텅텅 비어 있었습니다. 냉장고는 주인이 부지런해야 제 역할을 한다는 걸 다시금 느꼈죠. 하지만 우리는 어떤 민족입니까. 투어 내내 먹고 싶었던 떡볶이를 생각하며 휴대폰을 집어 들었죠. 그런데 오늘은 저 혼자가 아니랍니다.

오랜만에 연락이 온 배우 현석이 형이 집에 놀러 오겠다고 한 거예요! 형은 요즘 예능 프로그램 〈집으로 가는 길〉을 촬영

중인데, 마침 오늘 하루 형과 제가 함께하는 모습이 방송에 담긴다더군요. 집 안 곳곳에 설치된 카메라가 조금 낯설긴 했지만, 형과 함께라면 자연스럽게 흘러갈 거라 믿었어요.

현석이 형이 도착하자마자 "준우야! 네 냉장고, 또 텅 비었지?" 하고 장난을 치더라고요. 어찌나 날 잘 아는지. 웃으며 "배달 시켜야죠!" 하고 맞받아쳤죠. 그러자 형이 "좋아, 오늘 뭐 먹을 건데? 네가 골라!"라고 말했어요.

지난번에 먹었던 떡볶이집이 너무 맛있어서 그 집으로 선택했죠. 그런데 그냥 떡볶이만 시키기엔 아쉬운 거예요. 형도 떡볶이를 좋아하니까 이번엔 튀김을 추가해 볼까 하는 생각이 들었죠.

"형, 이 집 떡볶이 진짜 맛있었거든요. 이번엔 여기서 튀김도 같이 시켜볼까요?"

형은 카메라를 한 번 쓱 보더니 능청스럽게 웃으며 농담을 던졌습니다.

"야, 너 떡볶이 광고 들어오겠다. 표정 봐라, 너무 간절하다!"

그 말에 웃음이 터졌어요. 역시 형은 촬영장의 분위기 메이커라니까요.

배달 음식을 시키고 기다리는 동안 형과 소파에 앉아 수다를 떨기 시작했어요. 오랜만에 한국말로 이렇게 편하게 대화를 나누니 마음이 정말 편안해지더라고요. 제가 투어 중에 겪었던 에피소드부터 형의 드라마 촬영 뒷이야기까지, 끊임없이 웃고 떠들었죠. 딩동! 드디어 기다리던 떡볶이가 도착했습니다. 떡볶이와 튀김, 어묵 국물을 한 상 가득 펼쳐놓으니 비주얼만으로도 군침이 돌았습니다. 촬영 스태프들도 "냄새가 여기까지 나네요"라며 감탄했어요. 형은 튀김을 한 입 베어 물더니 눈을 크게 뜨고 외쳤습니다.

"이거 진짜 신의 한 수다! 안 시켰으면 큰일 날 뻔했어!"

오랜만에 집에서 느끼는 평범한 행복이 이렇게 소중할 줄이야. 형과의 수다, 배달 음식, 그리고 예능 촬영의 재미까지 더해져 참 따뜻한 하루였어요.

떡볶이와 튀김, 일상에서 찾아낸 논리의 연결고리

하이라이츠의 메인 보컬 준우는 떡볶이에 진심인 사람입니다. 그는 지난번에 맛있게 먹었던 떡볶이 가게를 떠올리며 오늘도 그곳에서 만족스러운 식사를 할 수 있을 거라 확신했어요. '지난번에 좋았으니 이번에도 틀림없을 거야!' 하지만 준우는 알았습니다. 모든 상황이 늘 똑같이 흘러가는 건 아니란 사실을요. 새로운 변수는 언제든 결과를 바꿀 수 있으니까요.

이처럼 사례 기반 추론은 과거의 성공 경험을 바탕으로 현재의 결정을 내리는 강력한 사고법입니다. 하지만 그만큼 신중함도 필요해요. 과거의 사례가 현재와 정말 비슷한지 따져보는 것이 첫 번째입니다. 준우가 지난번 먹었던 떡볶이의 맛을 믿었던 이유는 그 경험이 분명했기 때문이에요. 하지만 만약 주방장이 바뀌었다거나 양념의 비율이 달라졌다면 그 맛은 기대에 못미쳤을지도 모릅니다. 사례 기반 추론을 할 때는 이런 변수까지 고려해야 하는 거죠.

두 번째로 중요한 점은 새로운 상황에 대한 열린 마음을 가지는 겁니다. 과거의 경험은 판단에 도움을 줄 수 있지만 그에 지나치게 의존하면 새로운 가능성을 놓칠 수 있어요. 예를 들어 준우가 늘 같은 가게만 고집했다면 더 맛있는 떡볶이를 발견할 기회를 잃었을 수도 있죠. 사례 기반 추론은 어디까지나 방향을 제시하는 도구일 뿐 유일한 정답은 아니란 점을 기억해야 합니다.

세 번째는 여러 사례를 비교해 근거를 보강하는 것입니다. 단 하나의 성공 경험에만 의존하면 잘못된 결정을 내릴 위험이 높아지죠. 준우가 이번에는 튀김을 선택했지만, 다음번에 어묵이나 순대 같은 메뉴에도 도전해 본다면 더 풍부한 데이터를 얻을 수 있을 거예요. 다양한 사례를 통해 신뢰할 수 있는 결론을 도출하는 것이 사례 기반 추론의 핵심입니다.

마지막으로 중요한 건 결론을 무리하게 확장하지 않는 것입니다. 준우가 먹은 떡볶이가 맛있었다고 해서 그 가게의 모든 음식이 다 훌륭하리라는 보장은 없어요. 사례 기반 추론은 특징 사례에서 출발해 결론을 도출하는 방식이지만 그 결론이 적용되는 범위를 정확히 이해하는 것이 중요합니다.

사례 기반 추론은 우리의 선택을 더 빠르고 효율적으로 만들어주는 도구입니다. 하지만 그 도구를 사용할 때는 준우가 떡볶이 선택에서 보여준 것처럼 과거와 현재를 비교하며 신중하게 접근해야 해요. 그렇게 한다면 매번 새로운 변수에도 당황하지 않고 더 나은 결정을 내릴 수 있을 겁니다.

이은경쌤이 뽑은 한마디

타산지석(他山之石)
다른 산의 나쁜 돌도 자신의 옥을 가는 데 도움이 된다는 뜻으로 다른 사람의 잘못이나 경험도 자신의 발전에 유용하다는 교훈을 담고 있습니다. 이는 사례 기반 추론과 밀접한 관련이 있는데 타인의 사례를 관찰하고 분석하여 자신의 문제를 해결하거나 교훈을 얻는 방식이기 때문입니다. 타산지석은 반드시 성공적인 사례만이 아니라 실패와 실수를 포함한 모든 경험이 우리의 판단과 행동에 도움을 줄 수 있음을 강조합니다.

갈릴레오가 세상을 이해하는 법
- 대조 추론Contrasting Reasoning

오늘 우리는 과학의 혁명적 변화를 이끈 위대한 인물, 갈릴레오 갈릴레이를 만났습니다. 그는 중세의 한계를 뛰어넘어 근대 과학의 초석을 다진 학자로 여전히 전 세계 과학자들에게 영감을 주고 있습니다. 그의 대표적인 연구인 자유낙하 법칙과 피사의 사탑 실험은 단순한 물리적 발견을 넘어 과학적 사고의 방향을 바꾼 혁신으로 평가받고 있죠.

과연 그는 어떤 마음가짐으로 이러한 연구를 이어갔고, 오늘날 우리에게 어떤 메시지를 남기고 싶어 할까요? 지금부터 갈릴레오 선생님과의 특별 인터뷰를 통해 그의 열정과 통찰을 직접 들어보겠습니다.

기자 : 갈릴레오 선생님, 과학 잡지 《유니버스》의 특별 인터뷰에 시간을 내주셔서 감사합니다. 오늘날 선생님께서는 '근대 과학의 이미지'로 불리시는데, 이런 칭호를 들으실 때 어떤 기분이 드시나요?

갈릴레오 : (웃음) 근대 과학의 아버지라니 과분합니다. 저는 그저 자연을 탐구하고 싶었고, 조금 더 정확히 세상을 이해하고자 했을 뿐이에요. 하지만 제 작은 노력이 오늘날 과학 발전에 기여한 부분이 있다면 그것만으로도 영광입니다.

기자 : 선생님의 자유낙하 법칙 실험은 정말 혁명적이었습니다. 물체의 무게와 낙하 속도가 무관하다는 사실을 깨달으셨을 때, 어떤 기분이셨나요?

갈릴레오 : 음, 처음엔 저도 믿기 어려웠습니다. 세상 사람들 대부분이 무거운 물체가 더 빨리 떨어진다고 알고 있었으니까요. 피사의 사탑에서 실험을 진행하고 예상과 다른 결과를 목격했을 때는 전율이 일었죠. 자연이 정말 정직하게 자신을 드러내어 준다는 걸 배웠어요. 자연법칙은 인간의 고정관념보다 훨씬 더 단순하고 아름답더군요.

기자 : 그런데 왜 두 물체를 비교하며 실험을 설계하셨는지 궁금합니다.

갈릴레오 : 아주 좋은 질문입니다. 제 연구는 대조 추론에서 출발했습니다. 많은 사람이 무거운 물체는 더 빨리 떨어진다고 믿었죠. 하지만 그게 정말 사실인지 확인하려면 무거운 물체와 가벼운 물체를 직접 비교해 보는 실험이 필요하다고 생각했어요. 차이를 대조하면서 자연법칙을 검증할 수 있으니까요.

기자 : 정말 멋집니다! 당시엔 관찰보다는 철학적 논쟁이 중심이었잖아요. 왜 대조 실험이 중요하다고 생각하셨나요?

갈릴레오 : 철학적 추론은 말로만 이뤄지는 경우가 많아서 가설을 직접 검증하지 않는 경우가 많았습니다. 하지만 자연은 논쟁으로 드러나는 것이 아니라 실험과 대조를 통해 스스로를 보여줍니다. 저는 무게가 다른 물체의 낙하 속도를 비교하는 과정에서 자연의 진리를 발견하려 했습니다.

기자 : 선생님의 질문이 바로 오늘날의 과학을 탄생시킨 셈이군요. 그런데 그런 혁신적인 연구를 하시면서도 어려움이 많으셨을 것 같습니다.

갈릴레오 : 없었다면 거짓말이겠죠. 제 주장은 당시 교회와도 충돌했고 여러 차례 오해와 비난을 받았습니다. 하지만 저는 늘 자연의 진리를 좇았습니다. 세상이 거짓말을 한다 해도 자연

은 거짓말하지 않으니까요.

　　기자 : 자연의 진리라니, 정말 멋진 표현입니다. 선생님의 관찰은 단순히 과학적 발견에 그치지 않고 철학적 메시지도 주는 것 같습니다. 마지막으로 오늘날 과학자들에게 해주고 싶은 말씀이 있다면요?

　　갈릴레오 : 과학자는 두려움 없이 질문해야 합니다. 이미 아는 것처럼 보이는 것들도 다시 질문하고 새로운 실험으로 검증해야 해요. 그리고 중요한 건 끊임없이 배우는 자세입니다. 자연은 언제나 우리보다 더 많은 것을 알고 있답니다.

　　기자 : 감사합니다, 선생님. 오늘 인터뷰가 제게도 큰 영감이 되었습니다. 과학의 길을 밝히신 선생님의 열정에 존경과 감사의 말씀을 드립니다.

차이를 읽으면 답이 보인다

　　대조 추론은 세상에 숨어 있는 진실을 찾아내는 재미있는 도구예요. 서로 다른 상황이나 조건을 비교하면서 뭐가 같고 뭐가 다른지 살펴보는 거죠. 갈릴레오가 바로 이 대조 추론을 멋지게 활용한 대표적인 인물이랍니다.

옛날 사람들은 무거운 물체가 가벼운 물체보다 빨리 떨어진 다라고 믿었어요. 그런데 갈릴레오는 '정말 그럴까?'라는 질문을 던졌죠. 그래서 피사의 사탑에 올라가 무거운 쇠 구슬과 가벼운 나무 구슬을 동시에 떨어뜨려 봤어요. 결과는 놀라웠습니다. 두 물체가 같은 속도로 떨어졌거든요! 갈릴레오는 대조 실험을 통해 그동안 사람들이 당연하다고 믿어왔던 생각이 사실이 아님을 밝혀냈어요. 이런 순간이야말로 과학이 얼마나 흥미진진한지 보여주는 사례죠.

사실 우리도 대조 추론을 일상에서 자주 사용하고 있어요. 예를 들어 떡볶이집 두 곳을 다녀온 뒤 '이 집 소스는 맵고 저 집은 달달하네!'라고 맛을 비교하며 결론을 내릴 때나 시험을 보고 '틀린 문제랑 맞힌 문제를 비교해 보니 내가 서술형 문제에 약하구나'라고 깨달을 때가 그렇죠. 이렇게 대조 추론은 앞으로 어떻게 해야 할지 방향을 잡는 데 큰 도움이 됩니다.

대조 추론은 과학뿐 아니라 예술에서도 중요한 역할을 해요. 음악가는 기존 곡들과 비교하면서 독창적인 멜로디를 만들어내고 화가는 명암이나 색깔을 대조하며 그림의 깊이와 생동감을 더합니다. 이렇게 비교를 통해 서로 다른 요소들이 조화를 이루면 작품은 더욱 빛을 발하게 되죠. 만약 음악이나 그림에서 대조를 빼면 어떨까요? 단조롭고 심심한 결과물이 될 거예요. 대조 추론은 예술가들에게 마법 같은 도구랍니다.

우리의 인간관계도 대조 추론과 밀접한 관련이 있어요. 친구와 대화할 때 '내 생각과 이 친구의 생각이 뭐가 같고 뭐가 다를까?'라고 비교해 보면 상대방의 입장을 더 잘 이해할 수 있어요. 이 과정을 통해 서로의 차이를 인정하면서도 공통점을 발견하고 더 깊은 대화를 나눌 수 있답니다. 만약 친구가 "나는 밤에 공부하는 게 더 잘 돼"라고 말했을 때 "나는 아침형 인간이라 그런지 밤에는 집중이 안 돼"라고 대조해 보면 서로의 공부 습관을 이해하고 응원할 수 있겠죠.

대조 추론의 가장 큰 매력은 복잡한 문제를 더 명확하게 볼 수 있게 해준다는 점이에요. 무언가를 이해하려고 할 때 '뭐가 같고 뭐가 다를까?' 라는 질문을 던지는 것만으로도 우리는 문제의 핵심에 더 가까워질 수 있답니다. 이 과정은 마치 안개 속에서 길을 찾는 탐험가처럼 보이지 않던 진실을 하나하나 밝혀 나가는 여정과도 같아요. 비교와 대조를 통해 우리는 단순한 관찰을 넘어선 새로운 통찰을 얻을 수 있죠.

이런 식으로 두 개의 문제를 놓고 비교해 보면 공통점 속에서 패턴을 발견할 수도 있고, 차이점을 통해 잘못된 부분을 바로잡을 수도 있어요. 이는 공부할 때뿐만 아니라 일상에서도 아주 유용한 도구랍니다. '이 두 가지 중 뭐가 같고, 뭐가 다를까?'라는 간단한 질문은 우리의 사고를 더 날카롭고 체계적으로 만들어줍니다. 대조 추론은 마치 돋보기처럼 보이지 않던 세부적인 차이와 공통점을 깨닫게 해주는 특별한 도구예요.

이은경쌤이 뽑은 한마디

가장 어두운 시간은 새벽 직전이다

역사학자인 토마스 풀러가 한 이 말은 어려움이 최고조에 이른 순간이 곧 변화와 희망이 시작되는 지점이라는 것을 상징적으로 표현합니다. 밤이 가장 깊을 때 곧 새벽이 찾아오듯, 삶의 힘든 순간도 끝이 가까워졌음을 의미하지요. 대조를 통해 고통과 희망의 연결성을 강조하며 인내와 긍정적인 자세를 잃지 말라는 메시지를 담은 이 말은 시련 속에서 희망의 가능성을 찾아야 한다는 격려로 자주 인용됩니다.

추론은 우리가 문제를 이해하고 해결하는 데 중요한 도 구입니다. 앞에서 배운 삼단논법, 연역적 추론, 귀납적 추 론, 가설 추론, 유추 추론, 귀류법, 사례 기반 추론, 대조 추 론 외에도 어떤 추론 방식이 있는지 함께 살펴볼까요?

1. 확률적 추론 Probabilistic Reasoning

확률적 추론은 불확실한 상황에서 확률을 바탕으로 결 론을 도출하는 과정입니다. 비 오는 날 우산을 가진 사람의 비율이 높다는 사실을 통해 오늘 우산을 든 사람을 보고 비 때문일 가능성이 높다고 추론할 수 있습니다.

2. 통계적 추론 Statistical Reasoning

통계적 추론은 데이터를 분석하여 이를 바탕으로 일반 화된 결론을 내리는 방법입니다. 예를 들어 학교에서 전체 학생의 80%가 수학을 좋아한다고 응답했다면, 대부분 학 생이 수학을 좋아한다고 판단할 수 있습니다.

3. 연쇄 추론Chain Reasoning

연쇄 추론은 여러 조건문을 연결하여 결론을 이끌어내는 과정입니다. 만약 'A가 참이면 B가 참이고, B가 참이면 C가 참이다'라는 조건이 주어진다면, A가 참일 때 C도 참이라는 결론을 도출할 수 있습니다.

4. 귀환 추론Abductive Reasoning

귀환 추론은 관찰된 현상에 대해 가장 그럴듯한 원인을 찾아내는 방식입니다. 집에 돌아와 보니 창문이 깨져 있고 집 안에 발자국이 있다면, 도둑이 침입했을 가능성이 높다고 추론할 수 있습니다. 이는 제한된 정보로부터 최선의 설명을 도출하려는 시도입니다.

5. 상반 추론Contradictory Reasoning

상반 추론은 특정 명제가 참임을 증명하기 위해 반대 명제가 거짓임을 입증하는 방식입니다. 만약 A가 참이 아닐 때 논리적 모순이 발생한다면 A는 참이라고 결론지을 수 있습니다. 이는 모순을 통해 참과 거짓을 구분하는 강력한 방법입니다.

6. 직관적 추론Intuitive Reasoning

직관적 추론은 경험과 직감을 바탕으로 빠르게 결론을

내리는 방식입니다. 시험 문제를 풀 때를 떠올려 보세요. 전에 봤던 문제와 비슷한 유형이 나타났을 때 동일한 방법으로 문제를 해결할 수 있다고 판단하는 경우가 바로 여기에 해당합니다.

7. 공간적 추론 Spatial Reasoning

공간적 추론은 물체의 위치, 방향, 형태 등을 바탕으로 결론을 도출하는 과정입니다. 예를 들어 퍼즐을 맞출 때 조각의 모양과 위치를 관찰하여 어디에 맞출지 판단하는 것이 이에 해당합니다. 이는 시각적 정보를 활용한 문제 해결에 유용합니다.

8. 도식적 추론 Schematic Reasoning

도식적 추론은 사전에 학습된 구조나 도식을 바탕으로 문제를 해결하는 방식입니다. 수학 문제를 풀 때 공식을 적용하는 과정이 이에 해당합니다. 이는 기존의 지식을 활용해 문제를 체계적으로 접근하는 데 도움을 줍니다.

9. 상관관계 추론 Correlational Reasoning

상관관계 추론은 두 사건 간의 상관관계를 바탕으로 결론을 내리는 방식입니다. 예를 들어 '공부 시간이 길수록 시험 점수가 높아진다'는 데이터를 통해 공부 시간이 시험

성적에 영향을 미친다고 추론할 수 있습니다.

이러한 추론 방식들은 기존의 목차에 포함된 추론들과 조화를 이루며 우리의 사고를 확장하고 문제를 다각도로 해결할 수 있도록 돕습니다. 각각의 추론은 상황에 따라 적합한 방식으로 활용될 수 있으며 복잡한 문제를 명확히 이해하고 해결하는 데 필요한 논리적 도구가 됩니다.

Forest of Logic

추론 과정에서 발생하는 잘못된 논리 구조

논리의 길이 언제나 순탄한 건 아니에요. 아무리 멋진 추론과 주장을 펼치더라도 한순간의 오류로 인해 잘못된 결론에 도달할 수 있거든요. 성급한 일반화나 흑백 사고, 순환 논증 같은 오류들은 우리의 여정을 방해하는 함정과도 같죠. 하지만 걱정할 필요는 없어요. 오류를 이해하고 대처하는 법을 배워가는 과정에서 여러분의 논리는 더욱 단단해질 테니까요.

이번 오류의 숲에서는 이런 논리적 함정들을 하나씩 살펴보고 그 속성을 이해하며 오류를 피하는 방법을 배워볼 거예요. '모두가 좋아한다고 해서 나도 좋아해야 할까?'라는 질문을 던지며 성급한 일반화의 오류를 짚어보고 순환 논증의 문제점도 파헤쳐 볼 겁니다. 오류를 알아가는 과정에서 여러분은 자신의 사고를 더욱 정교하게 다듬고 함정을 피해가는 논리적 기술을 얻게 될 거예요.

이제 오류의 숲을 함께 탐험하며 논리적 함정들을 극복하고 사고의 나침반을 단단히 다져봅시다! 여러분의 논리 여정이 한층 더 강력해질 시간입니다.

파리의 맛없는 식당들, 사실일까?
– 성급한 일반화의 오류 Hasty Generalization Fallacy

수인은 3년째 활동 중인 여행 블로거입니다. 매일같이 전 세계를 누비며 느끼고 본 것들을 글로 남겼고, 그 결과 블로그엔 하루에도 수천 명이 방문하고 있어요. 다양한 여행자들의 댓글이 그녀를 응원했고 때로는 여행지 추천이나 글감 아이디어도 쏟아졌습니다. 그만큼 수인의 블로그는 사람들에게 사랑받는 공간이 되었죠.

이번엔 파리였습니다. 낭만의 도시, 예술과 역사로 가득한 곳. 그동안 다녀온 도시들과는 격이 다른 느낌이었고 오랫동안 꿈꿔왔던 만큼 준비도 철저했습니다. 숙소는 창문 너머로 에펠탑이 보이는 곳으로 잡았습니다. 숙박료는 높았지만 파리에서의 첫 여행이라 이 정도 투자는 아깝지 않다고 생각했죠.

파리에 도착한 첫날 수인은 설렘 가득한 얼굴로 숙소 창문을 열었습니다. 에펠탑이 그림처럼 들어맞는 풍경에 잠시 말을 잃었죠.

"역시 파리!"

혼잣말처럼 내뱉은 그 말이 그날의 기분을 그대로 대변했습니다. 노트북을 열고 여행 첫날의 기분을 담은 글을 블로그에 포스팅하자마자 댓글이 쏟아졌습니다. "부럽습니다!", "숙소 정보 좀 알려주세요!", "대리만족할게요. 사진 많이 올려주세요!" 137개의 댓글이 순식간에 달렸습니다. 수인은 화면을 바라보며 만족스러운 미소를 지었어요.

'파리에 오길 정말 잘했어.'

다음 날 아침 수인은 늦잠을 자고 일어났습니다. 몸은 피곤했지만 배가 출출해진 수인의 머릿속엔 한 가지 생각뿐이었습니다. '오늘은 꼭 라 벨 뤼에 가야지.'

라 벨 뤼는 가이드북에서 별 다섯 개를 받은 유명한 식당이었습니다. 허브 버터 스테이크와 성게알 파스타가 특히 유명하다고 했죠. 사진으로만 봤던 그 음식을 직접 맛볼 수 있다니 가슴이 두근거렸습니다.

식당에 도착했을 땐 이미 관광객들로 북적이고 있었기에 수인은 한참을 기다려 간신히 자리를 잡았습니다. 스테이크와 파스타를 주문하며 마음속으로 기대를 부풀렸지만 음식이 나온 순간 기내김은 산산조각 나고 말았습니다. 스테이크는 차갑게 식어 있었고, 성게알 파스타는 짠맛뿐이었죠. "이게 다야?" 실망감이 밀려왔습니다. 테이블에 앉아 음식을 바라보던 수인은 결국 한숨을 내쉬며 계산서를 바라보았어요. 가격이 높은 편이라는 사실은 익히 알고 있었지만 음식 맛이 기대 이하인 탓에 더 비싸게 느껴졌습니다. "블로그에 꼭 써야겠어." 숙소로 돌아온 수인은 노트북을 열었습니다. 제목은 짧고 강렬했죠. '라 벨뤼, 파리의 첫 식당. 차갑거나 짜거나' 예상대로 글은 빠르게 퍼졌습니다. 댓글도 폭발적이었죠. "파리 음식이 이런가요?", "다른 곳도 다 그럴까요?" 조회 수는 순식간에 수백에서 수천으로 뛰었습니다.

셋째 날. 이번엔 현지인이 추천한 식당으로 향했습니다. 하지만 이번 식당 역시 음식은 여전히 기대 이하였고 가격은 오히려 더 비쌌습니다. 실망감이 쌓인 수인은 파리에 대한 환상이 흔들렸습니다.

"파리엔 정말 맛집이 없는 걸까?"

수인은 근처 카페에 자리를 잡고 세 번째 글을 작성하기 시작했습니다. 제목은 전날과 마찬가지로 자극적이었죠. '르 쁘띠 시퀸, 또 실망입니다. 파리엔 맛집이 없는 걸까요?' 이번 글도 금세 퍼져나갔습니다. 사람들은 수인의 의견에 공감하며 자신들의 경험담을 댓글로 남겼습니다. "저도 파리에서 비슷한 경험을 했어요.", "파리는 분위기만 낭만적이지, 음식은 별로죠." 블로그 조회 수는 계속해 올라갔습니다.

그런데 어느 순간 댓글 분위기가 달라지기 시작했습니다. "수인 씨, 파리에 있는 모든 식당이 형편없다고 단정 짓는 건 성급하지 않나요?", "제가 갔던 파리 식당들은 훌륭했어요. 더 많은 곳을 시도해 보세요.", "한국에도 맛없는 식당이 있잖아요. 그런 곳을 한 군데 갔다고 한국 음식 전체를 나쁘게 평가한다면 억울하지 않을까요?" 수인은 그 댓글들을 모두 꼼꼼히 읽었습니다. 맞는 말이었죠. 그녀는 파리의 모든 식당을 다 가보지도 않았으면서 성급하게 결론을 내리고 만 것입니다.

수인은 잠시 노트북 화면을 바라보다가 스스로 물었습니다. '다음에도 이런 식으로 글을 써도 될까?' 그러고는 고민스러운 표정으로 노트북을 닫았습니다. "내일은 좀 더 신중하게 움직여 봐야겠어." 수인은 창밖의 에펠탑을 다시 한번 바라보며 다짐했습니다. '나의 파리는 아직 끝나지 않았으니까.'

파리의 맛집과 성급한 일반화

성급한 일반화는 한정된 경험만으로 결론을 내리는 오류를 말해요. 파리 여행 중 두 번의 실망스러운 식당 경험만으로 '파리엔 맛집이 없다'고 단정 지은 게 바로 그런 사례죠. 수인이 겪은 두 식당이 만족스럽지 않았다는 건 사실이에요. 하지만 두 군데만 경험해 보고 파리 전체의 맛집을 평가하는 건 지나치게 성급한 판단이에요.

우리도 일상에서 이런 성급한 일반화의 오류를 자주 범합니다. 가령, 누군가가 이렇게 말할 때를 떠올려 보세요. "우리 동네에서 지난달에 도둑이 두 번 들었어. 이 동네는 완전히 위험한 곳이야." 물론 도둑이 든 건 사실이지만, 단 두 번의 사건으로 동네 전체를 위험 지역으로 낙인찍는 건 부당한 판단이에요. 또 이런 경우도 흔하죠. "지난번에 이 영화관에 온 적이 있는데 직원이 불친절했어. 여기는 서비스가 엉망이야." 단 한 번의 경험을 모든 직원의 태도로 일반화하는 것 역시 잘못된 추론이에요.

심지어 직장에서도 비슷한 예를 찾을 수 있어요. "저 남자 직원의 성과가 좋지 않았어. 남자 직원들은 다 일을 못하는 것 같아." 혹은 "어제 일어난 교통사고 운전자가 여자래. 역시 여성들은 운전을 못해." 이런 말들은 성급한 일반화의 전형적인 사례랍니다. 일부 경험만을 근거로 그룹 전체를 판단하는 것은 논리적 오류일 뿐 아니라, 편견과 차별을 낳기도 해요.

성급한 일반화에서 벗어나려면 어떻게 해야 할까요? 첫 번째로, 충분한 사례를 모으는 것이 중요합니다 한두 번의 경험만으로 전제를 판단하기엔 세상은 너무 넓고 복잡하니까요. 수인이 파리에서 두 번의 식당 경험만으로 실망한 건 자연스러운 감정이지만 그걸 파리 전체의 식당으로 확장해 결론 내리는 건 문제가 있었어요. 만약 수인이 더 많은 식당을 방문해 봤다면 어땠을까요? 여러 식당에서 다양한 경험을 쌓다 보면 "맛없는 곳도 있었지만 정말 훌륭한 곳도 많았어!"라는 균형 잡힌 결론에 도달할 수 있었겠죠. 이렇게 충분한 데이터를 모으는 건 우리의 판단을 더 신뢰할 수 있게 만들어줍니다.

두 번째로, 다양한 관점을 고려하는 연습이 필요합니다. 우리가 내린 결론이 맞는지 확인하려면 다른 사람들의 이야기를 듣는 게 큰 도움이 돼요. 예를 들어 수인이 자신의 경험만으로 파리 식당에 대해 부정적으로 평가했을 때 댓글을 통해 다른 사람들의 의견을 접하게 되었죠. 어떤 사람은 "제가 간 파리의 식당들은 정말 최고였어요"라며 긍정적인 경험을 공유했고 또 다른 사람은 "현지인이 추천한 작은 카페는 어땠나요? 그런 곳들이 진짜 맛집일 때가 많아요"라며 새로운 가능성을 제시했어요. 이런 다양한 의견은 수인이 놓치고 있던 새로운 관점을 열어주었고 그녀가 자신의 판단을 돌아보게 만들었습니다.

다양한 관점을 받아들이는 연습은 단순히 의견을 듣는 데 그치지 않아요. "왜 저 사람은 저런 경험을 했을까?"라며 그 이유를 생각해 보는 것도 중요해요. 예를 들어 어떤 사람은 특정 시간대나 특별한 메뉴 때문에 좋은 경험을 했을 수도 있고, 또 다른 사람은 서비스가 별로였던 날 방문했을 수도 있어요. 이런 맥락까지 이해하려는 태도는 우리 판단을 훨씬 더 깊고 풍부하게 만들어줍니다.

마지막으로, 성급한 일반화를 피하려면 자기 자신에게 끊임없이 질문을 던져야 합니다. "내가 가진 정보는 충분한가?", "다른 관점에서는 이 상황을 어떻게 볼까?", "내 판단이 너무 빠른 건 아닐까?" 같은 질문은 우리가 편향된 시각에 갇히는 걸 막아줍니다. 이런 질문을 통해 더 넓은 시야로 세상을 바라볼 수 있다면, 단순히 오류를 피하는 것뿐만 아니라 더 나은 결론과 경험으로 이어질 거예요.

결국 성급한 일반화를 피하는 것은 단지 논리적 사고의 문제가 아니에요. 그것은 우리가 얼마나 열린 마음으로 세상을 받아들이는지 그리고 얼마나 다양한 가능성을 탐구하려 노력하는지에 대한 태도의 문제랍니다. 그러니 오늘부터는 한두 가지 경험만으로 결론을 내리기보다는 더 많은 사례를 탐색하고 다양한 의견을 받아들이며 세상을 조금 더 깊이 이해해 보세요. 더 현명한 선택과 풍요로운 삶으로 가는 첫걸음이 될 테니까요.

이은경쌤이 뽑은 한마디

제비 한 마리가 왔다고 봄이 온 것은 아니다

단 하나의 사례나 단편적인 사실을 바탕으로 전체를 판단하려는 성급한 일반화의 위험성을 경고하는 속담입니다. 제비 한 마리가 나타난다고 해서 계절 전체가 바뀌었다고 단정 짓는 것은 지나치게 단편적인 관찰에 의존한 판단이죠. 이 속담은 우리가 일상에서 작은 단서를 전체로 확대 해석하는 실수를 보여줌으로써 다양한 관찰과 충분한 근거 없이 결론을 내리지 말라는 교훈을 담고 있습니다.

왜냐고 묻지 마세요, 그냥 그렇다니까!
– 순환 논증의 오류Circular Reasoning

　　최근 전 세계의 과학자들이 체중 감량을 돕는 신약 개발 소식을 전하며 비만 치료에 새로운 이정표를 세우고 있습니다. 덴마크 제약사 노보 노디스크Novo Nordisk는 하루 한 번 복용하는 경구용 비만 치료제를 개발해 화제를 모았어요. 임상 3상 시험 결과, 참가자들이 평균 15.1%의 체중을 감량하는 성과를 보였다는 점에서 이 약물은 '게임 체인저'로 불리고 있습니다.

　　또한 미국 제약사 화이자Pfizer는 하루 두 번 복용하는 비만 치료제 '다누글리프론Danuglipron'의 임상 2상 시험에서 16주 만에 평균 4.5kg의 체중 감량 효과를 확인했다고 밝혔습니다. 이 약물들은 기존에 주사제로만 이용되던 비만 치료제의 단점을 극복하고, 경구 복용이라는 간편한 방법을 도입해 접근성을 획기적으로 높였다는 점에서 주목받고 있어요.

이 같은 신약 개발 소식에 사람들이 열광하는 이유는 단순히 날씬한 몸매를 원해서가 아닙니다. 비만은 외모의 문제를 넘어서 건강에 심각한 위협을 가하는 만성 질환입니다. 세계보건기구WHO에 따르면 비만은 당뇨병, 고혈압, 심혈관 질환, 관절염과 같은 질병의 주요 위험 요인으로 작용하며, 이로 인한 합병증은 매년 수백만 명의 목숨을 앗아갑니다. 실제로 비만 인구는 전 세계적으로 약 6억 5천만 명에 이르며 이 숫자는 계속해서 증가하고 있습니다.

비만은 신체뿐만 아니라 정신적 건강에도 큰 영향을 미칩니다. 국제비만학회IOF의 연구에 따르면 비만 환자의 60% 이상이 우울증, 사회적 고립, 낮은 자존감과 같은 심리적 문제를 경험한다고 해요. 이러한 현실은 비만 치료가 체중 감량을 넘어 삶의 질을 향상시키기 위한 종합적인 접근이 필요한 과제라는 것을 보여줍니다.

다이어트를 위한 사람들의 노력은 눈물겹도록 다양합니다. 간헐적 단식Intermittent Fasting에서 키토제닉 식단Ketogenic Diet까지

각종 다이어트 방법은 유행처럼 번져나가고 있어요. 매일 한 시간씩 땀을 흘리며 운동하는 사람들부터 하루 1,200칼로리 이하로 섭취하는 극단적인 식단을 고수하는 사람들까지, 체중 감량을 위한 전 세계인의 노력은 멈출 줄 모릅니다.

SNS에서는 다이어트 성공담이 넘쳐나지만 그 뒤에는 상상 이상의 노력이 숨어 있다는 걸 간과해서는 안 됩니다. 가끔은 성공을 위해 과도한 운동과 극단적인 식단을 고수하다 건강을 해치는 사례도 나타납니다. 얼마 전에는 원푸드 다이어트를 하던 한 여성이 영양 결핍으로 병원에 입원한 일이 보도되기도 했어요.

이처럼 다이어트는 단순히 살을 빼야 한다는 욕망을 넘어 건강과 행복을 찾기 위한 끝없는 도전입니다. 다이어트 신약이 혁신적인 희망을 제시하긴 했지만 장기적으로는 올바른 식습관과 운동, 그리고 자신을 사랑하는 마음이 병행될 때 진정한 효과를 볼 수 있다는 점을 잊지 말아야 해요. 과학기술의 발전에 따라 비만 치료의 새로운 가능성이 열렸지만 이 또한 다이어트라는 길고 험난한 여정의 도구일 뿐입니다. 중요한 건 꾸준한 노력과 건강한 태도라는 사실을 항상 기억해야겠죠.

예슬이네 집에서는 오늘도 다이어트 이야기가 빠지지 않았습니다. 최근 엄마가 새롭게 출시된 다이어트 알약에 관한 기사를 읽고 관심을 보였거든요.

"하루 한 알만 먹어도 5*kg* 넘게 빠진다니, 정말 대단한 세상이야. 예전에 내가 다이어트할 땐 이런 거 없었는데."

예슬이는 엄마의 말을 듣고 반문했어요.

"엄마, 그럼 앞으로 다이어트는 알약만 먹으면 성공하는 거야?"

엄마가 웃으며 답했어요.

"그렇진 않지. 다이어트는 꾸준함이 중요하단다. 채소도 먹고, 운동도 하고. 그래서 내가 늘 그러잖아. 채소는 살을 빼는 음식이라고!"

예슬이가 고개를 갸웃하며 물었어요.

"근데 엄마, 왜 채소가 살을 빼는데 좋아?"

엄마는 잠시 멈칫하더니, 특유의 단호한 표정으로 대답했습니다.

"채소는 살이 빠지는 음식이니까 그렇지!"

예슬이는 순간 깨달았습니다. 우리 엄마의 말씀은 어디서 시작해서 어디로 가는지 알 수 없지만, 어쨌든 채소를 먹으면 살이 빠진다는 말씀을 하고 싶으시다는 걸요.

결론이 근거를 삼켜버리는 순간

"왜 그래요?"라고 물었을 때 "원래 그런 거니까!"라는 답을 들었던 적이 있나요? 이런 대답은 언뜻 보기엔 그럴듯하지만, 실제로는 아무것도 설명하지 않은 셈이에요. 논리에서는 이설 '순환 논증의 오류'라고 부릅니다. 쉽게 말해 결론을 뒷받침하기 위해 근거를 제시하는 대신 결론을 다시 근거로 돌려쓰기 때문에 논리가 한자리에서 맴돌게 되죠.

예를 들어볼게요. "왜 지구가 둥글다는 걸 믿어야 하나요?"라고 물었을 때 "지구가 둥글기 때문이에요"라는 답변이 돌아온다면 이건 완벽한 순환 논증이에요. 둥글다는 걸 입증하려면 둥글다는 말 외에 다른 증거가 필요하잖아요? 그런데 근거와 결론이 같아버리면 결국 아무것도 입증되지 않은 셈이죠.

생활 속에서도 이런 사례는 흔해요. "이 드라마 왜 재미있어?"라고 물으면 "재미있으니까 재미있지!"라고 대답하는 친구, 다들 한번쯤은 만났을 겁니다. "재미있다"라는 결론을 "재미있어서"라는 이유로 설명하면, 설득력은 뚝 떨어지고 대화는 그 이상 나아가지 못해요. 결론과 근거가 똑같으니 결국 이 논리는 제자리걸음만 하는 겁니다.

순환 논증이 가진 가장 큰 문제는 설득력이 없다는 점이에요. 상대방이 결론에 이미 동의하고 있다면 괜찮겠지만 그렇지 않다면 이 방식으로는 절대 설득할 수 없죠. 또 하나의 문제는 자기 합리화로 빠지기 쉽다는 점이에요. 틀린 결론이라도 이런 방식으로는 마치 맞는 것처럼 보이게 만들 수 있거든요. 그리고 가장 답답한 건 논의의 진전을 방해한다는 겁니다. 새로운 정보나 근거가 제시되지 않으니 대화는 계속 한자리에서 맴돌 뿐이죠.

순환 논증은 겉으로 보기엔 매우 논리적인 것처럼 보일 때가 많아요. 복잡한 단어나 그럴싸한 표현들로 감싸져 있기 때문이죠. 특히 상대방이 권위 있는 사람이라면 더 쉽게 넘어가기도 해요. 하지만 자세히 들여다보면 이런 논증은 아무것도 새로운 걸 말해주지 않습니다. "왜요?"라고 물으면, "원래 그런 거니까!"라는 대답으로 끝나는 경우가 많거든요. 논리적으로 봤을 때, 이건 엄청난 허점입니다.

그럼 이러한 오류를 피하려면 어떻게 해야 할까요? 무엇보다 중요한 것은 결론과 근거를 명확히 분리하는 것이에요. 근거가 결론을 포함하거나, 결론을 이미 참이라고 가정하고 논리를 전개하는 경우가 없는지 꼼꼼히 살펴야 합니다. 근거는 결론과 독립적으로 성립해야만 설득력을 가질 수 있답니다. 더불어 '왜 그렇죠?'라는 질문을 계속 던지는 습관을 갖는 것도 중요해요.

논리의 흐름을 추적하다 보면 근거가 결론으로 되돌아오는 순간을 발견하는 경우가 있습니다. 그렇다면 이는 순환 논증에 빠진 것일 가능성이 크겠죠. 이런 식으로 질문을 통해 논리를 점검하면 자신의 주장에 논리적 오류가 있는지 스스로 깨닫는 데 도움을 줄 수 있어요.

더 나아가 제시된 근거가 독립적이고 검증 가능한지 확인하는 비판적인 태도도 필요합니다. 단순히 시간적 순서나 권위에 의존하는 것이 아니라, 근거와 결론이 합리적으로 연결되어 있는지 따져봐야 해요. 상황을 지나치게 단순화하지 않고 다양한 가능성을 고려하는 것도 중요한데요. 만약 논리가 극단적인 선택지로만 제한된다면 다른 대안은 없는지 찾아보는 것이 필요합니다. 이러한 과정이 비판적 사고를 키우고 논리적 사고를 더욱 탄탄하게 만드는 데 큰 도움을 줄 거예요!

> **이은경쌤이 뽑은 한마디**
>
> **닭이 먼저냐, 달걀이 먼저냐**
> 이 질문은 본질적으로 닭과 달걀 중 어느 것이 원인이고 결과인지 밝히지 못하고, 두 개념이 서로를 의존하며 계속 반복되는 순환적 논리를 나타냅니다. 순환 논증의 오류는 이와 비슷하게 특정 결론을 정당화하기 위해 이미 그 결론을 가정하는 방식으로 이루어집니다. 즉, 자신이 옳다고 주장하는 근거가 실제로는 그 결론을 전제로 하는 것이지요.

동물농장의 선택지에 숨겨진 진실
- 흑백 논리의 오류Black-and-White Thinking

"내가 아니면 다시 인간의 지배를 받고 싶으냐?"

백돼지 나폴레옹의 목소리는 날카롭고 단호했어요. 농장 한 가운데에서 모두의 시선을 사로잡으며, 그는 회의실 바닥을 발 굽으로 두드렸습니다. 돼지들 뒤에 줄지어 서 있는 양들은 "나 폴레옹 만세!"를 외쳤고 다른 동물들은 서로를 돌아보며 웅성 거렸어요. 회의에서 반대 의견을 제시한 동물들은 그의 말 한마 디에 더 이상 반박하지 못했습니다. '인간에게 농장이 돌아간다 니, 그건 절대 안 돼!'라는 생각이 모두를 침묵하게 만든 거죠.

위의 내용은 조지 오웰의 작품 〈동물농장〉 속 한 장면입니다. 조지 오웰은 영국 작가이자 언론인으로, 인간 사회의 부조리를 꼬집는 작품을 많이 남겼어요. 〈동물농장〉은 그중에서도 독재 정치의 위험성을 경고하는 대표작이에요. 구 소련(러시아)의 혁명과 그 후의 독재를 비판적으로 묘사한 이 책은, 단순히 소련의 역사뿐만 아니라 권력의 본질에 대한 경고로 읽혀요. 이 작품은 전 세계적으로 큰 반향을 일으키며 다양한 언어로 번역됐고 지금까지도 정치적 독재를 비판할 때 종종 인용되곤 해요.

돼지들은 동물들을 통제하기 위해 언제나 이런 식이었어요. 나폴레옹을 따르느냐, 아니면 인간에게 굴복하느냐. 이 단순하고 강렬한 선택지는 동물들에게 깊이 각인되었습니다. 중간은 없다는 말이 되풀이될수록 동물들은 점점 더 돼지들에게 의존하게 되었어요.

나폴레옹은 말뿐만 아니라 행동으로도 그들의 우위를 강조했어요. 그는 늘 돼지들만 앉을 수 있는 높은 자리에 올라서 말했어요. 아래쪽에 모여 있는 동물들은 나폴레옹을 위압적인 존재로 느낄 수밖에 없었죠. 그의 옆에 선 스킬러는 언제나 빠르게 말을 이었어요. "나폴레옹 동지는 우리를 위해 모든 것을 희생하고 있습니다. 지금 불만을 품는 건 배은망덕한 일이에요!" 스킬러의 말에 동물들은 눈을 피하며 아무 말도 하지 못했어요.

심지어 스퀼러는 동물들이 무엇을 기억하고 무엇을 잊어야 할지도 정해주었어요.

"여러분, 잊었나요? 인간들이 얼마나 잔인했는지 말입니다! 우리를 채찍으로 때리고, 새끼들을 팔아넘기고, 굶주리게 했던 그 시절을요!"

그가 소리 높여 외칠 때마다 동물들은 자신이 느끼던 의문이나 불만을 억누르고 고개를 끄덕였어요. 인간의 잔혹함을 기억하면 돼지들의 실수나 불공정함이 더는 눈에 들어오지 않았으니까요.

하지만 돼지들의 모순은 점점 드러났습니다. 나폴레옹은 인간을 혐오한다고 말하면서도 몰래 인간과 교류를 시작했어요. 인간과의 거래가 이루어질 때 몇몇 동물들은 분명히 문제를 제기했습니다.

"우리는 인간들과 싸우기 위해 혁명을 일으켰는데, 이제 그들과 손을 잡는 거라고요?"

그들의 말은 정당했지만, 스퀼러는 날카롭게 응수했어요.

"여러분, 이건 모두 농장을 위한 일입니다. 인간과 거래를 하지 않으면 이 농장은 살아남을 수 없습니다. 그러니 선택은 오직 하나뿐이지요. 우리를 믿느냐, 아니면 인간에게 농장을 넘기느냐."

그들에게 주어진 선택지는 늘 같았습니다. 나폴레옹의 지배를 받아들이거나, 아니면 더 끔찍한 인간에게 돌아가느냐. 돼지들은 이 단순한 구도를 끝없이 반복하며 동물들을 묶어두었죠.

결국 농장의 삶은 점점 더 나빠졌습니다. 배급량은 줄어들었고 돼지들만 더 많은 음식을 배급받았죠. 돼지들은 인간처럼 옷을 입고 침대에서 잠을 자며 술을 마셨습니다. 하지만 동물들은 여전히 두려움 속에 살며 나폴레옹을 믿어야만 했어요.

"만약 우리가 돼지들을 믿지 않으면 인간이 다시 돌아올 거야."

그 믿음은 돼지들이 만들어낸 구도 속에서 벗어날 수 없게 하는 강력한 족쇄였습니다.

흑백 논리가 만들어낸 단순한 함정

흑백 논리는 세상을 두 가지 극단적인 선택지로만 나누는 사고방식을 말해요. 이런 사고방식에서는 중간지대나 다양한 가능성이 완전히 사라지죠. 쉽게 말해 '내 편 아니면 적' 같은 식으로 세상을 단순화하는 오류입니다. 이런 논리는 설득력 있어

보이지만 실제로는 복잡한 문제를 지나치게 단순하게 다루기 때문에 종종 논리적 오류로 이어져요.

'공부를 열심히 안 하면 실패자야'라는 말은 흑백 논리의 대표적인 예에요. 여기서는 열심히 공부하지 않는 사람은 무조건 실패한다는 결론을 내리고 있어요. 하지만 현실은 어때요? 열심히 공부하지 않아도 다른 분야에서 성공하는 사람들도 많고 열심히 공부했지만 실패를 경험하는 사람도 있잖아요. 이처럼 흑백 논리를 사용하면 다양한 가능성을 아예 무시해 버리게 돼요.

이런 흑백 논리가 자주 등장하는 곳이 대표적으로 정치, 광고, 드라마예요. '우리 당이 아니면 나라 망한다', '이 로션 안 쓰면 피부 망가진다' 같은 메시지를 통해 청중을 설득하려 하죠. 이렇게 흑백 논리는 듣는 사람을 쉽게 몰입하게 만들지만 동시에 선택지를 제한해 비판적인 사고를 방해합니다.

앞에서 소개한 〈동물농장〉을 보면 돼지들이 '인간이 아니면 우리 편'이라는 구호로 동물들을 통합하지만, 시간이 지나면서 그 이분법은 자신들의 권력을 강화하는 데 쓰이죠. 동물들에게는 '인간 아니면 돼지'라는 단순한 선택지만 남겨두고 실제로는 돼지들이 인간보다 더 착취적인 존재가 되어버리는 거예요. 흑백 논리가 결국 공동체를 분열시키고 갈등을 초래하는 모습이 이 작품에서 적나라하게 드러납니다.

흑백 논리의 오류를 피하려면 무엇보다 다양한 가능성을 고려하는 노력이 필요해요. 어떤 문제에 대해 정말로 단 두 가지 선택지만 존재하는지, 혹은 더 많은 대안이 있는지 고민해 봐야 합니다.

또한, 중간 지점을 인정하는 태도가 중요합니다 극단의 입장을 고수하기보다는 상황에 따라 양쪽의 의견을 모두 고려하거나 완전히 새로운 대안을 제시할 수 있어야 해요. 흑백 논리는 내 편 아니면 적이라는 사고를 강요하기 때문에 이를 벗어나 다양한 가능성을 탐구하는 것이 사고의 유연성을 키우는 데 도움이 됩니다.

마지막으로 감정적 반응을 경계해야 합니다. 흑백 논리는 종종 두려움이나 감정적인 반응을 이용해 극단적인 결론으로 몰아가기 때문에 이런 상황에서는 차분하게 사실을 검토하는 습관을 들이는 것이 중요해요. "시험을 못 보면 망한다"는 말을 듣는다면 '시험 성적 외에도 다른 성공의 길이 있지 않을까?'라는 질문을 스스로 던져보는 거예요. 더 객관적이고 균형 잡힌 판단을 내릴 수 있는 방법이거든요.

앞서 살펴봤던 배중률과의 차이를 이해하는 것도 중요합니다. 배중률은 '어떤 명제는 참이거나 거짓 중 하나'라는 논리적 원칙으로 명제를 명확히 판단할 때 사용됩니다. 흑백 논리는 이 배중률을 과잉 적용하여 세상 모든 문제를 이분법적으로 단순화하려는 오류를 범합니다. 배중률은 참과 거짓을 명확히 구분하기 위해 사용되지만 흑백 논리는 이를 왜곡해 다양한 대안을 무시하고 단 하나의 선택만 옳다고 강요하죠. 세상은 흑과 백만이 아니라 무수히 많은 색깔로 이루어져 있다는 점을 기억하면 흑백 논리를 피할 수 있을 거예요.

이은경쌤이 뽑은 한마디

중용(中庸)

치우침 없이 균형 잡힌 태도를 뜻하는 말로 지나친 극단으로 치우치지 않는 삶의 지혜를 강조합니다. 중용은 흑백 논리처럼 모든 것을 양극단으로만 나누는 사고를 경계하고, 다양한 관점을 받아들이는 유연성을 권장하며 현실의 복잡함 속에서 최적의 선택을 찾고, 갈등을 줄이며 조화로운 관계를 유지하게 돕습니다. 지나친 극단은 진실을 왜곡할 위험이 있지만, 중용은 그 사이에서 올바른 길을 제시해 줍니다.

오늘도 토톨리크의 태양은 떠오른다

- 사후 인과 오류Post hoc ergo propter hoc

기원후 900년 6월 21일

하늘은 맑고 태양은 뜨겁게 빛남

나는 키카브, 열두 살이다. 우리 마을 토톨리크는 숲과 들판 사이에 자리 잡은 조용한 곳이다. 마을 사람들은 늘 바쁘다. 농사를 짓고, 신전에서 제사를 준비하고, 밤하늘을 바라보며 태양신께 감사 인사를 드린다. 나는 호기심이 많아 혼자만의 질문에 빠지곤 한다. 왜 하늘은 이렇게 높을까? 태양은 왜 매일 아침 떠오를까? 하지만 이런 질문을 할 때마다 어른들은 대답 대신 "너는 너무 생각이 많아"라며 핀잔을 주곤 했다.

오늘은 태양신께 제사를 지내는 날이라 온 마을이 새벽부터 분주했다. 엄마는 내게 옥수수와 과일을 신전으로 옮기라고 하셨다. 형 아우칼과 힘께 신전 꼭대기까지 공물을 나르며 마을의 풍경을 내려다봤다. 나보다 네 살 많은 형은 뭐든지 다 아는 척하며 어른처럼 행동하려 애쓰는데 솔직히 그런 모습이 조금 거슬렸다.

신전 꼭대기에서 바라본 마을 풍경은 멋졌지만 사람들이 고개를 숙이고 사제를 바라보는 모습은 어딘가 이상하게 느껴졌다. 사제는 공물을 태우며 태양신께 기도를 올리더니 연기가 하늘로 피어오르자 큰 소리로 선언했다.

"태양신께서 힘을 얻으셨으니 내일도 힘차게 태양이 떠오를 것이오!"

그 말에 사람들은 환호성을 질렀다. 엄마도 두 손을 모아 고개를 숙이며 안도했다. 하지만 나는 아무 말도 하지 않았다. 제사를 드리지 않았던 날에도 태양이 떠올랐던 기억이 생생했기 때문이다.

엄마께 이런 생각을 말씀드렸다가는 "넌 아직 몰라서 그래. 어른들 말씀을 믿어야지"라는 대답이 돌아올 게 뻔했다. 그래서 몰래 형에게 물었다. 형은 내 말을 듣자마자 날 노려보며 당연히 태양신께 제사를 드리지 않으면 태양이 뜨지 않을 거라고 했다. 하지만 나는 비 때문에 제사를 드리지 못했던 날에도 태양이 떠올랐지 않냐고 되물었다. 형은 잠시 머뭇거리다 짜증 섞인 목소리로 태양신이 한 번 봐주신 거라고 했다. 형의 말에 고개를 끄덕였지만 그의 표정에서조차 확신이 없음을 느꼈다. 내 의문은 더욱 깊어졌다.

다음 날 아침 태양이 떠올랐다. 마을 사람들은 기뻐하며 서로를 끌어안았다. 모두가 태양신께서 다시 우리를 구하셨다고 외치며 환호했다. 하지만 그 속에서 나는 혼자만 다른 생각에 잠겼다. 우리가 태양신께 공물을 바쳐야 태양이 떠오르는 걸까? 아니면 태양은 우리가 무엇을 하든 상관없이 떠오르는 걸까?

나는 이런 질문들 속에 자주 갇히곤 한다. 엄마는 그런 나를 두고 "키카브는 이상한 아이야. 너무 따지려고 들어"라고 핀잔하시지만 나는 그만두고 싶지 않다. 왜냐하면 세상은 어른들이 말하는 것처럼 단순하지 않을 거라는 생각이 점점 더 커지고 있기 때문이다. 어른들이 모든 걸 알고 있다고 말하지만 그들이 대답하지 못하는 질문들이 있다는 걸 나는 알고 있다. 어쩌면 그런 질문들을 끝까지 고민하는 게 나만의 방식으로 세상을 이해하는 길이 아닐까 하는 생각도 든다.

230

밤이 되면 별이 가득 뜬 하늘을 올려다보며 태양신께 조용히 물어볼 것이다. 정말 우리가 태양을 떠오르게 했는지. 태양신이 직접 대답해 주지 않아도 괜찮다. 어쩌면 내가 알아내야 할 답은 이미 내 머릿속 어딘가에 숨어 있을지도 모른다는 생각이 든다. 태양은 매일 아침 어김없이 떠오르고, 그 사실만으로도 충분히 신비롭다. 우리가 무엇을 하든 상관없이 태양은 여전히 하늘에 떠오르고 우리를 비춘다. 그 신비 속에서 나는 계속 질문할 것이다. 내 질문이 언제 답을 찾게 될지는 모르지만 그 과정 자체가 나에게는 이미 충분히 소중하다.

왜 우리는 삼계탕 한 그릇에 운명을 맡길까?

사후 인과 오류란 두 사건이 시간적 순서대로 일어났다고 해서 하나가 다른 하나의 원인이라고 착각하는 논리적 오류를 말해요. 예를 들어 "시험 점수가 잘 나왔어. 내가 어제 샤프심을 새걸로 바꿔서 그런가 봐!"라는 말을 들으면, 어딘가 이상하긴 하지만 그럴듯하게 들리기도 하죠. 하지만 이건 샤프심을 바꾼 것과 시험 점수가 단순히 시간적으로 이어진 일일 뿐, 실제로 관련이 없을 가능성이 높아요. 이런 식으로 서로 연관이 없는 두 사건을 인과관계로 엮어버리는 게 바로 사후 인과 오류예요.

친구들끼리 시험을 마치고 나서 "어제 꿈에 BTS가 나오더니 시험을 잘 봤어!"라는 말도 비슷해요. 사실은 공부를 열심히 했거나 운이 좋았던 이유일 가능성이 크겠죠. 하지만 사람들은 이렇게 우연히 일어난 사건들을 서로 엮어서 원인으로 착각하곤 해요.

이와 비슷한 오류가 바로 징크스예요. 징크스란 특정 행동이나 사건이 어떤 결과에 영향을 미친다고 믿는 걸 말해요. 예를 들어 "시험 전날 삼계탕을 먹었더니 성적이 잘 나왔어. 이번에도 삼계탕을 먹어야 해!"라는 말을 하는 친구가 있다면, 이건 징크스이자 사후 인과 오류예요. 삼계탕을 먹었다고 시험 성적이 잘 나올 이유는 없는데, 단순히 시간적으로 이어진 두 사건을 인과적으로 연결한 거죠. 스포츠 선수들의 "빨간 팬티를 입고 나가야 축구 경기에서 이긴다!"도 같은 맥락으로 볼 수 있죠.

역사 속에서도 사후 인과 오류는 커다란 실수를 낳았어요. 중세 유럽에서 흑사병이 유행했을 때 사람들은 고양이가 흑사병의 원인이라고 믿었어요. 흑사병이 확산되기 전에 고양이들이 많이 보였다는 이유로 사람들은 고양이를 박멸했죠. 하지만 실제로 흑사병의 진짜 원인은 쥐와 벼룩이었습니다. 결국 고양이를 없애자 쥐가 더 활개를 치면서 병이 더 퍼지는 결과를 낳고 말았죠. 단순히 시간적인 순서로 사건을 엮으면 어떤 오류가 생기는지 알 수 있겠죠?

이런 오류의 문제는 잘못된 결론을 내리게 한다는 점이에요. 시간적으로 먼저 일어난 일을 원인으로 단정 지으면 진짜 이유를 찾지 못하고 엉뚱한 행동을 할 수 있거든요. 이렇게 해서 불필요한 걱정을 하거나 잘못된 결정을 내릴 수도 있어요. 또 대화나 논의에서도 이런 오류가 생기면 문제를 제대로 해결하지 못하고 같은 자리만 맴돌게 돼요.

그렇다면 이런 오류를 어떻게 피해야 할까요? 먼저 사건 간의 관계를 꼼꼼히 살피는 습관을 들이는 게 중요해요. 단순히 시간 순서에 의존하지 말고 사건들 사이에 진짜 연결고리가 있는지 따져봐야 해요. "왜 그런 거야?"라는 질문을 스스로 던지는 것도 좋아요. 질문을 통해 논리를 점검하다 보면 근거 없는 추측이나 잘못된 결론을 더 쉽게 발견할 수 있답니다.

또 다양한 가능성을 열어두는 것도 중요해요. 어떤 일이 일어났을 때 "다른 이유도 있을 수 있지 않을까?"라고 생각해 보면 더 합리적인 답을 찾을 수 있어요. 이런 비판적인 사고를 키우는 게 바로 사후 인과 오류에 빠지지 않는 방법이에요.

사후 인과 오류는 겉보기에 그럴듯하게 보이지만 사실 새로운 걸 알려주지는 않아요. 그래서 우리는 "그냥 그런 거야"라는 말을 들었을 때 그냥 넘어가지 않고 "진짜 그런 이유일까?"라고 물어보는 자세가 필요해요. 징크스나 잘못된 믿음에 얽매이지 말고 조금만 논리적으로 생각해 보면 보다 정확하고 올바른 결론에 도달할 수 있을 거예요. 오늘부터 주변에서 이런 오류를 발견한다면 조용히 미소 지으며 생각해 보세요. "정말 그런 이유일까?" 하고요!

오비이락(烏飛梨落)

어떤 사건이 먼저 일어나고 나서 다른 일이 발생했을 때 이를 마치 전자가 후자의 원인인 것처럼 착각하는 오류를 지적합니다. 까마귀가 날아가는 것과 배가 떨어지는 것은 동시에 일어난 우연에 불과하지만 이를 연관 지어 까마귀 때문에 배가 떨어졌다고 믿는 잘못된 인과 관계의 전형적인 사례죠.

우리 오빠만 최고는 아니었구나
- 확증 편향의 오류 confirmation bias

유주는 요즘 아이돌 그룹 '루미너스'에 푹 빠져 있었어요. 데뷔 3년 차인 이 그룹은 유주에게 단순한 아이돌이 아니라 일상의 활력소 같은 존재였어요. 아침에 눈을 뜨면 루미너스의 음악으로 하루를 시작했고, 버스나 지하철에서도 이어폰 너머로 들리는 그들의 목소리가 유주에게 큰 힘이 됐어요. 유튜브 추천목록에는 루미너스의 '직캠'과 무대 영상이 끊임없이 올라왔고 SNS에는 팬들이 올린 팬아트와 '짤'들이 넘쳐났어요. 특히 재미있는 댓글이나 짤을 찾아 저장하는 것은 유주의 새로운 취미가 되었답니다.

학교에서도 루미너스는 늘 화제였어요. 친구들과의 대화는 언제나 루미너스로 시작해서 루미너스로 끝났어요. 모두가 같은 그룹을 좋아하고 그들의 이름만 들어도 웃음이 터지는 순간들이 이어지다 보니 유주는 자신만만하게 생각했어요. '루미너스는 전 세계에서 가장 인기 있는 그룹이야!' 이건 유주에게 진리나 다름없었어요.

그러던 어느 날, 반 친구 하윤이가 다가와 요즘 한창 인기를 얻고 있는 그룹 '노바'에 대해 들어봤냐고 물었어요. 유주는 하윤이의 말을 대수롭지 않게 넘기며 속으로 생각했어요. '루미너스만큼 대단할 리 없지.' 하지만 하윤이가 보여준 노바의 무대 영상은 의외로 꽤 인상적이었어요. 화면 속 멤버들의 춤과 퍼포먼스가 무척 강렬했거든요. 하지만 유주의 마음속 1순위는 여전히 루미너스였답니다.

그날 저녁, 유주가 유튜브를 켰더니 추천 목록에 노바의 영상이 올라와 있었어요. 단 한 번 봤을 뿐인데 벌써 추천 목록에 뜬다는 사실에 당황했지만, 호기심을 이기지 못하고 영상을 눌렀어요. 멤버들의 인터뷰와 퍼포먼스를 보며 유주는 자신도 모르게 흥미를 느끼기 시작했어요. "생각보다 괜찮네"라는 말이 절로 나오면서 마음 한편에는 루미너스에 대한 알 수 없는 미안함이 자리하게 되었답니다.

이튿날, 점심시간에 친구들과 이야기를 나누던 중 유주는 자신도 모르게 노바의 춤이 정말 멋있었다고 말했어요. 친구들은 깜짝 놀라며 유주를 바라보았고, 당황한 유주는 속마음을 에서 감추며 "그래도 루미너스가 최고인 건 변하지 않아!"라고 변명하듯 말했어요. 하지만 유주도 점점 노바의 매력을 인정하고 있었어요.

그날 밤, 유주는 침대에 누워 SNS를 보던 중 노바의 새 뮤직비디오가 떴다는 알림을 받았어요. 잠시 망설였지만 결국 영상을 클릭했어요. 화면 속 노바 멤버들의 파격적인 퍼포먼스와 독특한 콘셉트에 유주는 다시 한번 놀랐어요. '우리 루미너스 오빠들이 최고지만 흠, 노바도 진짜 잘하긴 하네.'

며칠 후, 하윤이가 다시 유주에게 다가와 장난스럽게 물었어요. "너, 요즘 노바 팬 되려고 하는 거야?" 유주는 "아니야, 난 여전히 루미너스야. 근데 노바도 꽤 괜찮아서 좀 봤을 뿐이야"라고 대답했지만 속으로는 새로운 것을 받아들이는 일이 나쁜 것만은 아니라는 생각이 들었어요.

그날 이후, 유주는 자신이 믿는 최고의 그룹을 지키면서도 새로운 세상을 알아가는 재미를 느꼈어요. 이제 유주의 유튜브 추천 목록은 루미너스뿐만 아니라 노바와 다양한 신예 아이돌 그룹들로 가득 차 있었어요. 친구들과 대화할 때도 "요즘 새로 나온 어스퀸도 정말 잘하더라!"라고 말할 정도로 더 넓어진 관심사를 즐기고 있답니다.

'세상은 넓고, 음악은 끝이 없지!' 유주는 새로 알게 된 곡들을 플레이리스트에 추가했어요. 좋아하는 것을 지키면서도 새로운 것을 받아들이는 자신이 조금 멋있어 보이기도 했답니다.

치우친 확신의 함정에서 벗어나기

우리 모두 한번쯤 이런 경험을 해본 적이 있을 거예요. 친구들과 얘기하다가 누가 뭐라고 해도 '내 생각이 맞아!'라고 우기게 되는 순간들. 아니면 인터넷에서 내가 믿고 싶은 정보만 찾아 읽으며 '봐, 내가 맞잖아!' 하고 스스로 만족하는 경우요. 이런 심리적인 함정을 바로 확증 편향이라고 불러요. 말 그대로 '자신이 믿고 싶은 것만 믿는' 심리적 경향이에요.

좋아하는 운동이 체중 감량에 최고라고 믿는 사람이 있다고 해봅시다. 이 사람은 인터넷에서 '운동으로 10kg 감량 성공!' 같은 글만 찾아 읽으며 자신의 믿음을 더욱 강화합니다. 반면 '다이어트에는 식단 관리가 필수!'라는 글을 보면 '아, 나랑은 상관 없겠지'라며 슬쩍 지나쳐버리죠. 이렇게 자신에게 유리한 정보만 골라보고, 불편한 의견은 무시하는 모습이 바로 확증 편향의 전형적인 예입니다. 결과적으로 이 사람은 체중 감량에 실패할 가능성이 높아지거나 더 나은 방법을 배울 기회를 스스로 차단하고 마는 겁니다.

확증 편향이 생기는 이유는 우리의 뇌가 본질적으로 더 쉬운 길을 선호하기 때문입니다. 새로운 정보를 받아들일 때, 기존에 가지고 있던 믿음과 충돌하는 내용은 우리를 불편하게 만듭니다. 이런 불편함은 스트레스와 같은 심리적 불안을 유발하기 때문에 뇌는 본능적으로 이를 회피하려고 합니다. 반대로 기존 신념과 일치하는 정보는 편안함과 안정감을 주죠. 이런 반복적인 과정에서 우리는 자신도 모르게 기존 신념을 강화하는 정보만 선택적으로 받아들이게 됩니다. 그러다 보면 내 생각을 지지하는 정보는 계속 쌓이고 반대되는 정보는 점점 더 무시하게 되는 확증 편향이 강화됩니다.

이러한 편향은 우리의 판단과 의사결정에 상당한 영향을 미칩니다. 다양한 관점을 받아들이지 못하고 자신의 믿음만 고수하다 보면 객관적이고 논리적인 판단을 방해받기 쉽거든요. 친구들과 어떤 주제에 대해 논쟁할 때를 떠올려 보세요. 서로가 가진 정보와 논리를 펼치며 대화를 나누지만 어느새 "네가 틀렸어!"라고 외치며 각자의 확신만 더 단단해진 채 끝나버린 경험이 있을 겁니다. 이런 상황에서는 갈등이 점점 커지고 문제를 해결할 기회는 오히려 줄어들죠. 확증 편향이 소통과 이해의 가능성을 차단하고 서로를 더 멀어지게 만드는 주요 요인이 되는 이유예요.

더 나아가 확증 편향은 개인적인 차원뿐만 아니라 사회적인 문제로도 확대될 수 있습니다. 인터넷과 소셜미디어를 통해 우리는 자신과 비슷한 생각을 가진 사람의 의견만 접하기 쉬워졌습니다. 알고리즘은 우리의 관심사에 맞춰 정보를 추천하며 결과적으로 우리가 이미 가진 신념을 더욱 강화하도록 돕습니다. 이렇게 좁아진 정보의 범위는 집단 간의 갈등을 심화시키고, 사회적 분열을 키우는 결과를 초래할 수 있습니다.

확증 편향에서 벗어나려면 의식적으로 다양한 관점을 탐구하려는 노력이 필요합니다. 나와 다른 의견을 마주했을 때 불편함이 느껴지더라도 이를 기회로 삼아 자신의 신념을 점검하고 더 깊이 있는 이해를 도모할 수 있으니까요. 반대되는 정보를 무조건 배척하기보다 그 안에 담긴 논리와 근거를 탐구하며 자신이 놓쳤던 부분은 없는지 생각해 보세요. 열린 대화와 호기심은 새로운 통찰을 얻는 중요한 열쇠이며 자신을 돌아보고 균형 잡힌 판단을 내리는 데 필수적입니다. 확증 편향에서 자유로워지는 길은 단순한 정보 수용이 아니라 그 정보를 통해 스스로를 성장시키려는 태도에서 시작됩니다.

이은경쌤이 뽑은 한마디

보고 싶은 것만 보고, 듣고 싶은 것만 듣는다

이 속담은 사람들의 확증 편향적 태도를 꼬집는 표현이에요. 우리가 자신의 생각이나 믿음을 강화하는 정보에만 주목하고 반대되는 정보는 무시할 때 생기는 문제를 경고하는 말이죠. 마치 밝은 면만 보고 어두운 면을 외면하듯 이 속담은 편향된 시각이 얼마나 쉽게 진실을 왜곡할 수 있는지를 보여줍니다.

1. 무관한 결론의 오류 Irrelevant Conclusion

무관한 결론은 주장의 근거가 결론과 관련이 없는 경우에 발생합니다. 예를 들어 "이 회사는 건물이 멋지니 제품도 훌륭할 거야"라는 말은 외형적인 요소를 바탕으로 제품의 질을 판단하는 오류입니다. 논리적 연결이 부족할 때 이런 오류가 발생합니다.

2. 의도 확대의 오류 Straw Man Fallacy

의도 확대는 상대방의 주장을 의도적으로 왜곡하거나 과장해 반박하는 방식입니다. "내일 비가 올 수 있으니 우산을 챙기자"라는 말을 듣고 "비 온다고 모든 사람이 우산을 들고 다녀야 한다는 거야?"라고 반문하는 경우가 여기에 해당합니다. 상대의 의도를 오해하거나 과장하여 논점을 흐리기 때문이죠.

3. 거짓 원인의 오류 False Cause

거짓 원인의 오류는 두 사건이 단순히 시간적으로 연속되었거나 연관성이 있어 보인다는 이유로 한 사건이 다른 사건의 원인이라고 잘못 결론짓는 경우입니다. "고양이가 지나간 뒤에 비가 내렸으니 고양이가 비를 부른 거야"라는 주장은 거짓 원인의 오류이며 앞서 다룬 '사후 인과의 오류'와 유사합니다.

4. 이중 잣대의 오류 Double Standard

이중 잣대는 비슷한 상황에서 서로 다른 기준을 적용해 판단하는 오류입니다. "내가 늦는 건 어쩔 수 없는 일이지만, 너는 늦으면 안 돼"라는 주장은 공정성을 결여한 오류입니다. 동일한 상황에서 동일한 기준을 적용하지 않으면 신뢰를 잃을 수 있습니다.

5. 미끄러운 경사의 오류 Slippery Slope

미끄러운 경사는 하나의 작은 사건이 일어나면 이후에 반드시 더 큰 사건으로 이어질 것이라는 과도한 가정을 하는 오류입니다. 예를 들어 "하루 공부를 쉬면 성적이 떨어지고 결국 시험에 실패할 거야"라는 주장처럼 지나치게 비약된 결론을 내리는 경우입니다.

6. 구성의 오류Composition Fallacy

구성의 오류는 부분적으로 사실인 것을 전체적으로도 사실이라고 잘못 결론짓는 경우입니다. 예를 들어 "이 축구팀에는 우리나라에서 가장 잘하는 선수가 있으니까 이 팀 역시 가장 잘할 거야"라는 주장은 구성의 오류를 니다냅니다.

7. 분할의 오류Division Fallacy

분할의 오류는 전체적으로 사실인 것을 부분적으로도 사실이라고 잘못 결론짓는 경우입니다. "이 케이크는 맛있으니 케이크에 들어간 모든 재료도 맛있겠지"라는 주장은 분할의 오류를 보여줍니다.

이러한 다양한 오류는 논리적 사고의 함정이 될 수 있습니다. 하지만 이를 인식하고 피하려는 노력은 더 논리적이고 설득력 있는 대화를 만들어줍니다. 여러분도 일상에서 이러한 오류를 발견하고, 이를 극복하려는 연습을 통해 논리적 사고력을 키워보세요!

Forest of Logic

여섯 번째 숲 - 호소

특정 개념에 호소하여 주장을 관철하는 방식

논리만으로는 모든 문제를 해결할 수 없을 때가 있어요. 사람의 마음을 움직이는 데는 논리뿐 아니라 감정, 권위, 공포 같은 특별한 열쇠가 필요하답니다. 설득의 과정에서 이런 열쇠들은 종종 논리를 넘어 사람들의 공감을 이끌어내는 강력한 도구가 되죠.

이번 호소의 숲에서는 유명한 과학자의 말을 인용하는 권위에의 호소나 슬픈 이야기를 통해 사람의 마음을 움직이는 감정에의 호소를 살펴보며 이런 방식들이 설득에 어떤 힘을 더해주는지 배워볼 거예요. 이와 동시에 이런 호소들이 지나치게 쓰이거나 잘못 활용되었을 때의 위험성도 짚어볼 겁니다. 권위에만 의존하거나 감정을 과도하게 이용하면 설득력이 떨어지고 신뢰를 잃을 수 있거든요. 설득의 기술은 논리와 감정의 균형을 맞추는 데서 빛을 발한다는 사실, 잊지 마세요!

자, 이제 호소의 세계로 떠날 준비가 되었나요? 이 여정을 통해 여러분은 더 설득력 있는 말하기와 글쓰기의 비밀을 배울 수 있을 거예요. 함께 시작해 봅시다!

맛집 순례자들의 불편한 진실
- 권위에의 호소Appeal to authority

준서와 소미는 사귄 지 100일 된 풋풋한 대학교 1학년 새내기 커플이에요. 준서는 열정적이고 호기심이 많은 성격이라 새로운 경험에 도전하는 걸 좋아해요. 반면 소미는 조용하고 차분한 성격으로 작은 일에도 감동을 잘 받지만 생각이 많은 타입이죠. 서로 다른 성격 덕분에 종종 티격태격하기도 하지만 서로를 배려하며 특별한 날을 함께 축하하기로 했답니다.

준서와 소미는 백일 기념으로 미슐랭 별 두 개짜리 고급 레스토랑에 갔어요. 준서는 '이런 날 아니면 언제 와보겠어'라며 들뜬 표정으로 자리에 앉았어요. 하지만 소미는 정교하게 플레이팅된 음식을 보고 속으로 깜짝 놀랐어요. 접시 위에는 작은 채소 몇 개와 고기 한 조각, 한 폭의 그림처럼 뿌려진 소스가 전부였거든요. '이게 다야?'라는 생각이 들었지만, 준서의 기분을 망치게 하고 싶지 않아 굳이 말은 꺼내지 않았어요.

준서는 접시에 담긴 음식을 보며 흥분된 목소리로 말했어요.

"역시 미슐랭 투 스타 식당은 뭐가 달라도 다르지? 여기 요리사가 얼마나 대단한 사람인지 알아?"

소미는 고기를 한 조각 잘라 먹어봤지만 '와, 대단하다!' 정도의 느낌은 들지 않았어요. 그래서 조심스럽게 말했죠.

"맛있긴 한데, 엄청난 감동까지는 아닌 것 같아."

준서는 소미의 말을 듣고는 눈을 동그랗게 뜨고 "미슐랭 별 받은 데인데 맛없다고 하면 이상한 거 아니야?"라고 되물었어요. 소미는 차분하게 설명했어요.

"별 받은 건 요리의 품질을 보장한다는 거지, 내 입맛까지 맞춘다는 건 아니잖아. 나는 그냥 내 입맛에 별로라는 거야."

준서는 스마트폰을 꺼내 들고 무언가 열심히 검색했어요. 그러더니 환하게 웃으며 화면을 소미에게 들이밀었어요.

"여기 후기들 좀 봐. '미각의 예술', '내 인생 최고의 맛집', '다른 데는 비교도 안 된다' 이런 평들이 수두룩하다고. 다들 이렇게 극찬하는데, 네 입맛이 문제인 거 아냐?"

소미는 준우의 말에 눈썹을 살짝 찌푸리더니 피식 웃으며 대답했어요.

"음, 그 사람들한텐 정말 좋았을 수도 있겠지. 근데 별 다섯 개 받았다고 모든 사람에게 무조건 맛있다는 법은 없잖아. 입맛은 사람마다 다른 거니까."

준서는 잠시 머뭇거리더니, 고개를 갸웃하며 말했어요.

"그래도, 이렇게 많은 사람이 맛있다고 하는 데는 이유가 있는 거 아니야? 네가 너무 까탈스러운 거 아니냐고."

준서의 목소리엔 살짝 짜증이 섞여 있었어요. 소미는 포크를 내려놓고 말했어요.

"나는 내 솔직한 의견을 말한 것뿐이야. 남들이 다 맛있다고 하니까 무조건 인정하라는 것도 이상하잖아."

둘 사이의 분위기는 점점 얼어붙기 시작했어요. 준서는 결국 얼굴을 굳히며 쏘아붙였어요.

"알았어, 네가 솔직하고, 내가 그냥 다 속고 사는 거다. 앞으로 뭐 먹으러 갈 때 나한테 묻지 마."

소미도 지지 않고 대답했어요.

"좋아. 나도 너한테 뭐 먹으러 가자고 안 할게. 이런 데 돈 쓰느니 집에서 라면이나 끓여 먹는 게 낫겠다."

그날 밤, 준서와 소미는 각자 집으로 돌아와 침대에 누웠지만 쉽게 잠들 수 없었어요. 준서는 소미가 자신의 열정을 이해하지 못한 것 같아 서운했고, 소미는 준서가 자신의 솔직한 의견을 존중하지 않은 것 같아 마음이 복잡했어요. 먼저 연락할까 말까 고민하며 메시지 창을 열었다 닫았다 반복했지만 결국 누구도 먼저 용기를 내지 못한 채 잠들고 말았어요. 여전히 미안함과 애틋한 밤이네요, 긴 긴 밤.

권위의 함정에 빠지지 않는 법

혹시 유튜브 영상에서 유명 배우가 이렇게 말하는 걸 본 적 있나요? "제가 써봤는데 이 치약이 최고네요!" 그 말을 들은 순간 우리는 이렇게 생각하게 됩니다. '와, 저 배우가 좋다니까 믿을 만하겠지. 치약 하나 사볼까?' 그런데 잠깐 이 배우가 정말 치약에 대해 얼마나 잘 알고 있을까요? 물론 그 치약이 정말 좋을 수도 있지만 단지 배우의 유명세만으로 제품을 판단하기엔 조금 성급하지 않을까요? 바로 여기서 등장하는 것이 '권위에의 호소'라는 논리적 오류입니다.

권위에의 호소는 어떤 주장을 설득력 있게 보이도록 하기 위해 권위 있는 사람이나 유명인의 지위를 앞세우는 방식이에요. 이 방법은 효과적일 때도 있지만 잘못 사용되면 문제가 생길 수 있답니다. 왜냐하면 우리가 권위자의 말만 믿고 그 주장의 진짜 이유나 타당성을 따져보지 않게 되거든요.

예를 하나 더 들어볼까요? '노벨상을 받은 과학자가 추천한 다이어트 방법!'이라는 문구를 본다면 '노벨상 받은 과학자가 추천했으니 믿을 만하겠지!'라고 생각하기 쉬워요. 하지만 잠깐만요. 그 과학자가 만약 물리학자라면 그의 연구는 다이어트와는 상관이 없을 수도 있어요.

권위에의 호소에 너무 빠지면 어떤 문제가 생길까요? 첫째, 우리의 비판적 사고력이 약해질 수 있어요. 유명 배우가 추천한 치약이 실제로 효과가 없더라도 우리는 '저 사람이 좋다고 했으니 괜찮을 거야'라며 의심하지 않게 되죠. 이렇게 되면 불필요한 소비를 하거나 잘못된 판단을 내릴 수 있어요. 둘째, 이런 방식이 반복되면 잘못된 정보와 편견이 퍼지게 됩니다. 예를 들어 유명한 작가가 "매일 초콜릿을 먹어야 건강해집니다"라고 말했다고 상상해 보세요. 이 말이 사실인지 확인하지 않고 믿는다면 초콜릿을 먹고도 건강이 나빠지는 사람이 늘어나겠죠.

그렇다면 권위에 휘둘리지 않고 현명한 판단을 하려면 어떻게 해야 할까요? 가장 중요한 건 비판적으로 생각하는 태도를 기르는 거예요. 권위자의 말이 정말 믿을 만한지, 그 사람이 해당 분야의 전문가인지 확인해 보세요. 치약 광고를 하는 배우가 치과의사가 아니라면 그의 말은 단순한 참고 자료일 뿐이에요. 또한 주장 뒤에 숨겨진 논리와 데이터를 살펴보는 것도 중요해요. 그 정보가 정말 타당하고 합리적인지 점검하는 습관을 들이는 거죠.

권위는 설득의 한 요소일 뿐 진실을 보장하는 만능열쇠는 아니랍니다. 중요한 건 자신의 생각을 명확히 하고, 필요할 때 질문을 던지며, 주장의 타당성을 검토하는 거예요. 이렇게 하면 우리는 잘못된 정보에 휘둘리지 않고 더 똑똑하고 균형 잡힌 선택을 할 수 있답니다. 그러니 유명인이나 전문가의 말에 무조건 "네!" 하지 말고, 한 번쯤은 "왜?"라고 물어보세요. 그 질문 하나가 여러분을 더 현명하게 만들어줄 테니까요.

이은경쌤이 뽑은 한마디

호가호위(狐假虎威)

여우가 호랑이의 위세를 빌려 다른 동물들에게 군림한다는 고사에서 유래한 사자성어입니다. 이는 자신의 능력이나 권리가 없음에도 권위 있는 존재의 힘을 빌려 위세를 부리는 것을 뜻합니다. 권위에 의존하여 다른 이들을 설득하거나 지배하려는 행동은 진리나 실질적 근거보다 외형적 권력에 호소하는 오류로 이어질 수 있습니다.

고양이가 있다면 웃을 수 있을 것 같아요
- 감정에의 호소Appeal to Emotion

사랑하는 부모님께

안녕하세요, 엄마 아빠. 오늘은 정말 진지하게 제 마음을 전하고 싶어서 이렇게 편지를 쓰게 되었어요. 엄마 아빠, 저는 고양이를 키우고 싶어요. 그냥 키우고 싶다는 정도가 아니라 이건 제가 정말 간절히 바라는 꿈이에요. 제 마음을 끝까지 들어주셨으면 좋겠어요.

얼마 전에 친구네 집에 놀러 갔다가 친구가 키우는 고양이를 처음 봤어요. 그 고양이가 저를 힐끗 쳐다보는데, 그 순간 제

심장이 멈춘 것 같았어요. 귀여운 건 말할 것도 없고 절 바라보는 그 눈빛이 너무 따뜻하고 순수해서 한눈에 반해버렸어요. 고양이를 쓰다듬는 동안 왠지 모르게 마음이 차분해지고 웃음이 나더라고요. 그날 이후로 저는 계속 그 고양이가 생각났어요. 고양이는 단순히 동물이 아니라 저에게 마음의 안정을 줄 수 있는 친구이자 가족이라는 걸 깨딜있거든요.

그런데 고양이에 대해 알아보던 중 정말 슬픈 사실을 알게 되었어요. 유기묘들이 하루에도 수백 마리씩 보호소에서 죽어간다는 거예요. 단지 가족이 없다는 이유로 아무 잘못도 없는 동물들이 버려지고 결국은 생명을 잃게 된다는 게 너무나 가슴 아팠어요. 만약 우리 집에서 유기묘 한 마리를 받아준다면 그 아이에게는 두 번째 생명이 될 수 있을 거예요.

엄마 아빠도 아시겠지만 요즘 학교에서 스트레스를 받을 일이 많아요. 성적에 대한 부담도 크고, 친구들과의 관계도 마음처럼 잘 풀리지 않아서 속상하기도 하고요. 엄마 아빠는 제가 씩씩하고 잘 지내는 것처럼 보이실지도 모르겠지만 사실 속으로는 많이 흔들릴 때가 있어요. 요즘 들어 더 그런 것 같아요.

그럴 때마다 친구네 집에서 만났던 그 고양이가 생각나요. 그 고양이가 제 손을 느긋하게 핥으며 앉아 있던 순간이 마치 '괜찮아, 네가 힘든 걸 내가 알고 있어'라고 말해주는 것 같았어요. 만약 우리 집에 고양이가 있다면 저는 힘들 때마다 고양이를 보면서 위로를 받을 수 있을 것 같아요. 고양이는 제가 무슨 말을 하지 않아도 제 옆에서 조용히 있어줄 테니까요.

엄마 아빠, 저도 알아요. 제가 감정적으로 힘든 일이 있을 때마다 두 분이 걱정하시면서 제 기분을 풀어주려고 노력해 주시는 거요. 저도 감사히 생각하고 있어요. 그런데 엄마 아빠가 아무리 애써주셔도 제 마음속에 있는 어떤 부분은 저 혼자 해결해야 하는 것 같아요. 그럴 때 제 곁에 고양이가 있다면 혼자 감당하기 어려운 감정들도 더 잘 견뎌낼 수 있을 것 같아요. 엄마, 아빠도 제가 스트레스로 힘들어하는 걸 원치 않으실 거라 믿어요.

그리고 엄마 아빠도 아시죠? 제가 단순히 귀여워서 고양이를 키우고 싶다고 하는 게 아니라는 걸요. 저는 이 아이들에게 사랑을 주고 싶어요. 한 아이에게만이라도 저의 따뜻한 사랑을 줄 수 있다면, 그 아이에게는 새로운 삶이 시작될 거잖아요. 그런 사랑을 나누는 경험이 저에게도 정말 큰 의미가 될 것 같아요.

제가 고양이를 키운다면 당연히 책임은 제가 질게요. 밥을 챙기고, 화장실을 청소하고, 털이 날리지 않도록 매일 빗질도 할 거예요. 만약 고양이용품이나 병원비 같은 비용이 걱정되신다면 제가 용돈을 모으고 아껴서 도울게요. 제가 고양이와 함께하면서 배울 수 있는 책임감과 사랑의 가치는 그 이상이라고 확

258

신해요.

　부디 제 진심이 엄마 아빠 마음에 닿기를 바라며 이만 편지를 마칠게요. 사랑해요.

눈물로 호소하는 딸 올림

📖 설득의 힘인가, 논리의 함정인가

　'감정에의 호소'란 누군가를 설득할 때, 상대방의 감정을 자극해 행동을 유도하는 방법이에요. 단순히 이익이나 논리적인 이유만을 이야기하는 대신, 상대방이 슬픔, 기쁨, 동정심, 사랑 같은 감정을 느끼게 만들어 마음을 움직이려는 거죠. 예를 들어, "지금 이 아이들이 배고픔에 고통받고 있어요. 작은 도움이라도 주신다면 아이들의 생명을 살릴 수 있습니다"라는 말은 동정심을 자극해 기부하게 만들어요. 사람들은 논리적인 이유만큼이나 감정에 의해 움직이는 경우가 많거든요.

　일상에서도 감정에의 호소는 자주 사용돼요. 친구에게 도움을 요청할 때 "나를 도와줄 믿을 만한 사람이 너밖에 없어. 이번

한 번만 부탁할게"라고 하면, 친구는 연민과 책임감을 느껴 도와주고 싶어질 수 있어요. 또는 광고에서도 "이 냉장고가 당신의 삶을 더 행복하게 만들어줄 거예요"라는 메시지를 통해 소비자의 감정을 자극하곤 해요.

앞의 편지에서도 감정에의 호소는 아주 강렬하게 드러나요. 한 여학생이 부모님께 고양이를 키우고 싶다고 부탁하면서 자신의 스트레스와 힘든 감정을 솔직하게 이야기하잖아요? '요즘 학교에서 스트레스가 많고, 고양이가 있다면 제 마음이 안정될 것 같아요'라는 내용은 부모님께 연민을 불러일으킬 수 있어요. 게다가 '유기묘들이 죽어간다는 사실이 너무 슬프다'라는 문장은 부모님이 자신도 모르게 유기묘를 구해야 한다는 책임감을 느끼게 만들어요. 이런 방식은 부모님이 여학생의 부탁을 진지하게 받아들이게 하는 데 큰 역할을 할 수 있죠.

감정에의 호소는 정말 중요한 설득의 기술이에요. 단순히 상대방에게 "이렇게 해야 해요"라고 주장하는 것보다 "제가 이렇게 느끼고 있어요"라고 말하면 상대방도 그 감정을 이해하고 공감하게 되죠. 왜냐하면 감정은 단순한 단어보다 더 강렬하게 마음에 와닿거든요. 친구에게 도움을 부탁할 때도 "이건 꼭 필요해!"라고 명령조로 말하는 것보다 "나 정말 힘들어, 너는 이런 나를 도와줄 수 있어"라고 말하면 친구가 더 적극적으로 돕고 싶어질 거예요.

하지만 여기서 중요한 점이 있어요. 사실이 아닌 감정을 만들어내면 안 된다는 거예요. 만약 친구에게 "네가 도와주지 않으면 큰일 날 거야!"라고 너무 과장된 말을 했다가 실제로는 별일 아니었으면 어떻게 될까요? 친구는 다음번에 여러분의 부탁을 진지하게 들어주지 않을 수도 있어요. 신뢰는 한 번 깨지면 다시 쌓기 어렵잖아요. 그래서 감정에의 호소를 할 때는 꼭 진심이 담겨 있어야 해요. 자신의 솔직한 마음을 담아 전달하면 그게 바로 상대방의 마음을 움직이는 가장 큰 힘이 돼요.

이은경쌤이 뽑은 한마디

웃는 낯에 침 못 뱉는다

따뜻하고 친근한 태도로 상대에게 다가가면 설령 불만이 있는 사람이라도 쉽게 거부하거나 공격하지 못한다는 뜻입니다. 웃는 얼굴은 상대에게 호감을 주고, 갈등이나 대립 상황에서도 감정을 완화시켜 대화의 물꼬를 틔우는 데 효과적입니다. 이 속담은 설득에 있어 감정의 힘이 논리적 주장만큼이나 중요하다는 것을 잘 보여줍니다.

천연 수세미와 함께한 유럽 대탐험
- 공포에의 호소_{Appeal to Fear}

지난여름 아빠, 엄마, 그리고 나는 영국과 스위스로 여행을 다녀왔다. 학교에서 유럽 이야기를 배울 때마다 상상만 했던 곳에 직접 가게 되다니, 설레고 기대되었다. 그런데 여행이 시작되기도 전에 아빠의 표정이 심상치 않았다. 런던에 도착하자마자 "여긴 공기가 좀 별로인 것 같아!"라고 말씀하시며 코를 찡그리셨다. 아빠의 케미포비아_{Chemiphobia}, 즉 생활 화학 제품에 대한 공포증이 또 시작된 것이다.

런던의 게스트하우스는 깔끔하고 아늑했다. 그런데 아빠는 방에 들어가자마자 창문을 활짝 열었다. 엄마가 "밖이 추운데 왜 창문을 열어?"라고 물으니, 아빠는 진지한 얼굴로 "방에서 이상한 냄새가 나. 분명 세제나 방향제를 썼을 거야. 우리 이러다 큰일 난다고!"라고 말씀하셨다.

'우리 아빠 또 시작이네….'

가습기 살균제로 많은 사람이 목숨을 잃었던 사건 이후로, 아빠는 화학 제품이라면 무조건 멀리해야 한다는 확고한 신념을 가지게 되었다. 물론 중요한 문제라는 건 알지만 아빠의 반응은 가끔 너무 과격해 부담스러울 정도다.

엄마와 내가 가장 당황했던 순간은 게스트하우스 공용 주방에서였다. 저녁 식사를 마친 후 숙소 손님들은 각자 자신이 사용한 접시와 컵을 설거지하며 정리하고 있었다. 그런데 아빠가 설거지에 사용하는 세제를 보고 갑자기 얼굴이 굳어져 버리더니 결국 참지 못하고 앞으로 나섰다. 아, 아빠, 제발, 좀.

"여러분, 설거지할 때 세제를 쓰면 어떻게 합니까!"

순간 주방이 조용해졌다. 접시를 닦고 있던 대학생 언니의 손이 멈췄고, 옆에서 컵을 헹구던 그 언니의 남동생이 어색하게 웃었다. 진지한 표정의 아빠는 계속 말씀을 이어나가셨다.

"세제가 얼마나 위험한지 아십니까? 몸에 안 좋은 화학물질 덩어리입니다! 우리나라에선 이런 제품 때문에 큰일이 났습니다. 절대 쓰면 안 돼요!"

아빠는 방으로 뛰어 들어가 여행 가방을 뒤지시더니 다급하게 뭔가를 꺼내오셨다. 낡은 천연 수세미였다. 아빠는 그 수세미를 나누어 주며 말씀하셨다.

"이걸로 설거지하세요. 물만으로도 충분히 깨끗하게 씻을 수 있습니다. 세제는 필요 없어요!"

주방에 있던 모든 이들은 당황스러운 표정으로 서로를 멀뚱히 바라봤다. 초등학생 두 명은 수세미를 받아들고는 어쩔 줄 몰라했고, 대학생 언니는 고개를 갸우뚱거리며 조용히 세제를 치웠다. 이제 엄마가 나설 차례. '엄마, 제발.' 내 마음속 외침을 들은 건지 엄마는 다급히 아빠를 끌어당기셨다.

"여보, 그만해요. 여기까지 와서 이렇게 하면 곤란해요."

하지만 아빠는 단호했다.

"곤란하긴 뭘 곤란해! 이 사람들 건강을 지켜줘야지. 누군가는 알려줘야 한다니까!"

결국 아빠는 엄마에게 끌려가 방으로 돌아가셨다. 이제는 내가 수습해야 할 외로운 시간. 나는 얼떨떨한 표정의 여행객들에게 고개를 숙이며 말했다.

"죄송해요…. 저희 아빠가 화학 제품에 좀 예민하셔서요. 신경 쓰지 말고 편히 쉬세요."

방으로 돌아가니 아빠는 천연 수세미를 든 채로 만족스럽게 앉아 계셨다.

"이 사람들 이제 조금은 깨달았겠지. 생활 화학 제품은 정말 위험하거든."

이뿐이었던 건 아니다. 다 옮겨 적을 수 없을 뿐 아빠는 여행 내내 극도의 예민함으로 우리를 너덜너덜하게 만들었디. 이 여행을 무사히 마칠 수 있을까, 하는 걱정이 들 때쯤 우리는 스위스 인터라켄에 도착했다. 그런데 이게 어떻게 된 일일까. 스위스에 도착하자 아빠의 얼굴이 완전히 달라지셨다. 초록빛 들판과 맑은 공기 덕분인지 아빠는 마치 원래 그랬던 사람처럼 세상에서 가장 평화로운 사람이 된 것이다. 아빠가 이렇게 편안해 보이는 건 처음이었다. 특히 아빠가 하이킹 도중 꽃냄새를 맡으며 '그렇지, 그렇지. 이게 진짜 자연의 향이지!'라며 입맛을 다실 땐 웃음을 참을 수 없었다. 런던에서는 그렇게 방향제를 경계하시더니 여기서는 향기가 난다고 좋아하시니 말이다.

아빠의 케미포비아로 인해 예상치 못한 사건이 많았지만 덕분에 우리 가족은 여행 내내 오히려 더 많은 추억을 만들고 돌아왔다. 다음 가족 여행에서는 어떤 이야기가 펼쳐질지 벌써 기대된다. 아니, 그보다 다음 여행은 어디로 떠나야 우리 아빠가 좀 편안하시려나.

두려움은 왜 우리를 움직이게 할까?

런던의 작은 게스트하우스 주방에서 평소 건강을 걱정하던 아빠가 여행객들을 향해 진지한 얼굴로 외쳤어요. "세제를 쓰면 몸에 나쁜 화학물질이 쌓입니다! 이 천연 수세미를 쓰세요!" 순간 주방은 조용해졌고, 여행객들은 어리둥절한 표정으로 서로를 쳐다봤죠. 몇몇은 세제를 멀리 치우며 아빠의 말을 따랐지만, 다른 사람들은 이게 진짜인지 의심스러워하며 조심스레 수세미를 받아들었어요. 아빠의 진심은 분명했지만 그의 경고는 효과를 발휘하지 못했어요. 사람들은 '뭐야, 갑자기?'라는 반응을 보였고, 몇몇은 그냥 무시해 버렸죠. 왜 그랬을까요? 아빠의 경고는 바로 '공포에의 호소'였기 때문이에요.

공포에의 호소란 사람들에게 두려움을 심어주어 특정 행동을 유도하거나 결정을 이끌어내는 설득 방식이에요. 밤에 혼자 다니면 위험하다는 말처럼 말이죠. 두려움을 자극해 안전한 행동을 선택하게 하는 방식은 종종 효과적이에요. 하지만 지나치거나 명확하지 않으면 사람들에게 불안만 남기거나 메시지가 무시될 수 있답니다.

우리 주변에서도 공포에의 호소를 자주 볼 수 있어요. 광고에서 '이 치약을 쓰지 않으면 충치가 생길 수 있습니다!'라든지 '이 보험에 가입하지 않으면 큰일 날 수 있습니다!' 같은 문구를 본 적 있죠? 이런 경고들은 감정적인 반응을 끌어내 행동을 유도하려는 전형적인 사례입니다. 하지만 너무 자주 또는 과장되게 사용되면 사람들은 '또 겁주는 소리네'라며 경고를 무시하게 되고 결국 중요한 메시지조차 효과를 잃게 돼요.

공포에의 호소가 무조건 나쁜 건 아니에요. 적절히 사용되면 강력한 설득 도구가 될 수 있죠. 태풍이 몰려올 때 '태풍이 상륙합니다. 대피하세요!'라는 경고 메시지는 공포를 자극하지만 동시에 사람들이 안전한 행동을 취하도록 돕습니다. 또 예방 접종 캠페인에서 '예방 접종을 받지 않으면 질병 발생률이 다섯 배나 높아집니다'와 같은 문구는 경각심을 일깨우고 많은 생명을 구할 수 있어요.

이 방식이 효과를 발휘하려면 어떻게 해야 할까요? 두려움만 조성하는 데 그치지 않고, 구체적인 해결책과 희망을 함께 제시해야 해요. 단순히 '이거 안 하면 큰일 난다!'라고만 하면 사람들은 위축되거나 반대로 무시해 버릴 수도 있거든요. '일회용 컵의 사용을 줄이고 텀블러 사용을 생활화하는 습관은 환경을 지킬 수 있습니다'처럼 대안과 방향을 제시하면 두려움을 극복하고 긍정적인 행동을 선택할 동기를 얻을 수 있죠. 중요한 건 메시지가 명확하고 신뢰할 수 있어야 한다는 거예요.

주방의 아빠 이야기를 다시 떠올려 볼까요? 아빠의 경고는 갑작스럽고 명확하지 않았지만 적어도 누군가는 화학 제품 사용에 대해 다시 한번 고민했을지도 몰라요. 공포에의 호소가 제대로 전달되기만 한다면 그 점을 깨닫지 못했던 사람들에게는 안전을 지켜주는 고마운 징보가 될 수 있다는 거죠. 그러니 두려움을 심는 만큼, 그에 걸맞은 책임도 함께 생각해야 한답니다.

이은경쌤이 뽑은 한마디

사면초가(四面楚歌)
네 방향에서 모두 초나라의 노래가 들린다는 뜻으로, 사방이 적으로 둘러싸여 도망갈 곳이 없는 절박한 상황을 의미합니다. 이는 공포에의 호소와 깊이 연결되는데, 극한의 위협과 고립감을 부각시켜 상대를 설득하거나 행동을 유도하는 방식으로 사용될 수 있습니다. "지금 대처하지 않으면 모든 것이 무너질 것이다"라는 공포와 절박함을 활용된 이 고사성어는 사람들의 주의를 끌고 결단을 이끌어내는 데 효과적인 메시지로 작용합니다.

9.11의 기억, 뉴욕이 전하는 교훈
- 애국심에의 호소Appeal to Patriotism

앵커 : 오늘은 2001년 9월 11일 발생했던 세계무역센터 테러가 일어난 지 23주년이 되는 날입니다. 당시 뉴욕은 물론이고 전 세계가 큰 충격에 빠졌었는데요. 지금은 어떤 모습일까요? 현장에 나가 있는 김민준 특파원을 연결해 보겠습니다. 김 특파원!

김민준 특파원 (현장 중계) : 네, 저는 지금 뉴욕의 그라운드 제로 추모공원에 나와 있습니다. 바로 이곳은 23년 전, 쌍둥이 빌딩이 있었던 자리인데요. 이제는 희생자들의 이름이 새겨진 추모 공간으로 변했습니다. 오늘 아침부터 많은 뉴욕 시민들이 이

곳을 찾아와 헌화하며 그날의 아픔을 떠올리고 있습니다.

앵커 : 김 특파원, 당시 상황을 조금 더 자세히 들려주시겠습니까? 9.11 테러는 뉴욕뿐 아니라 전 세계에 큰 충격을 주었던 사건이잖아요.

김민준 특파원 : 네, 2001년 9월 11일 아침, 평화롭던 뉴욕은 단 두 차례의 비행기 충돌로 끔찍한 재난의 중심지가 되었습니다. 오전 8시 46분, 아메리칸 항공 11편이 세계무역센터 북쪽 빌딩에 충돌했고, 이어 9시 3분에는 유나이티드 항공 175편이 남쪽 빌딩을 강타했습니다. 두 건물은 화염에 휩싸이며 결국 붕괴됐고, 무려 3,000여 명의 소중한 생명이 희생되었습니다. 당시 충격적인 장면들은 전 세계로 생중계되며 모두를 공포에 빠뜨렸습니다.

앵커 : 정말 끔찍한 날이었군요. 그날의 여파는 단순히 뉴욕에만 국한되지 않았을 텐데요.

김민준 특파원 : 맞습니다. 뉴욕뿐만 아니라 워싱턴 D.C.의 펜타곤도 공격받았고, 유나이티드 항공 93편은 펜실베이니아의 한 들판에 추락했죠. 전 세계는 테러와의 전쟁이라는 새로운 시대를 맞이했습니다. 특히 미국은 보안을 강화하는 동시에 애국법을 제정하며 강력한 대(對)테러 정책을 추진했습니다. 하지만 이 과정에서 시민의 자유가 희생되었다는 비판도 나오고 있습

니다.

앵커 : 그렇군요. 뉴욕 시민들은 이 사건을 어떻게 기억하고 있을까요?

김민준 특파원 : 네, 이곳에서 뉴욕 시민 한 분과 이야기를 나눠봤습니다. 함께 보시죠.

리사 윌리엄스(뉴욕 시민) : 저는 당시 브루클린에 살고 있었는데, 그 순간 세상이 멈춘 것 같았어요. 가족과 친구를 잃은 사람들을 생각하면 지금도 마음이 아픕니다. 하지만 우리는 그 아픔 속에서도 함께 일어나야 했어요. 이제는 이곳이 단순한 추모 공간이 아니라 평화와 희망의 메시지를 전하는 곳이 되었으면 좋겠어요.

김민준 특파원 : 리사 씨의 말처럼 뉴욕은 비극을 극복하고 평화의 상징으로 거듭나기 위해 노력하고 있습니다. 하지만 당시의 충격과 상처는 여전히 많은 사람의 마음속에 남아 있습니다.

앵커 : 김 특파원, 끝으로 9.11 사건이 현재 뉴욕에 어떤 영향을 미쳤는지 간단히 정리해 주시겠습니까?"

김민준 특파원 : 네, 9.11 사건은 뉴욕을 넘어 전 세계의 보안 체계를 완전히 바꾸는 계기가 되었습니다. 미국은 국가 안보를 강화한다는 명분 아래 애국법Patriot Act을 신속히 통과시키며 국민에게 '애국심에의 호소'를 강하게 내세웠습니다. 정부는 시

민들에게 '우리가 테러로부터 여러분을 지키겠다'라는 메시지를 전달하며 통신 수단의 검열 등 일부 자유를 제한하는 조치를 요구했는데요. 이를 두고 당시 많은 미국 시민들은 상반된 반응을 보였습니다.

한쪽에서는 테러 위협으로부터 자신과 가족을 보호하기 위해 어쩔 수 없는 조치라고 받아들였지만, 다른 한쪽에서는 '국민을 보호한다는 명분으로 과도한 감시와 자유 제한이 정당화될 수 있느냐'며 불만의 목소리를 높였습니다. 특히 통화 기록, 이메일, 인터넷 사용 등을 광범위하게 감시할 수 있는 조치가 알려지면서 '국민을 지킨다는 이유로 우리의 사생활은 희생된 거 아니냐'는 비판도 이어졌습니다.

결국 9.11 사건은 우리가 안보와 자유 사이에서 어떻게 균형을 잡아야 할지 진지하게 고민하게 만든 계기가 되었습니다. 오늘날에도 뉴욕의 시민들은 이 사건을 추모하며 비극 속에서 더 나은 방향으로 나아가야 한다는 메시지를 공유하고 있습니다. 희생자들의 기억이 단순히 슬픔에 머물지 않고 진정한 평화와 정의를 실현하기 위한 발판이 되기를 바라는 마음입니다.

앵커 : 네, 김민준 특파원, 잘 들었습니다. 오늘도 좋은 소식 감사합니다.

'나라를 위해'라는 말에 숨겨진 논리의 함정

'애국심에의 호소'란 나라를 사랑하는 마음, 즉 애국심에 기대어 사람들을 설득하는 방법이에요. 앞에서 보았듯 9.11 테러 이후 미국 정부는 '국민을 지키기 위해 약간의 사유를 포기해야 한다'라고 하면서 애국법을 빠르게 통과시켰어요. 그 결과 테러를 막기 위한 보안은 강화되었지만 동시에 시민들이 마땅히 보장받아야 할 일부 자유가 제한되면서 불만을 느낀 사람들이 생겨났죠. 애국심이 모든 걸 해결해 줄 수는 없다는 걸 보여주는 사례인 것이죠.

사실 우리는 일상에서도 애국심에의 호소를 자주 접한답니다. 2002년 월드컵 당시 온 국민이 붉은 악마가 되어 "대한민국!"을 외쳤던 거 다들 아시죠? 4년마다 돌아오는 올림픽에서도 한목소리로 우리나라 선수들을 응원하지요. 광고에서도 이러한 호소는 자주 쓰이는데요. 태극기가 등장하면서 '대한민국 사람들은 대한민국에서 만든 제품을 이용합니다'라는 문구가 나온다면 아마 모두 마음이 움직일 거예요.

애국심을 기반으로 한 이러한 메시지들은 사람들을 하나로 뭉치게 하는 것은 물론이고 긍정적인 방향으로 행동 변화를 이

끌 수 있어요. 보통 사람이라면 내 나라에 대한 자긍심은 물론이고 자국민을 서로 도와야 한다는 인식이 있으니까요. 만약 환경 보호 캠페인에서 '우리나라의 푸른 산과 깨끗한 바다를 지켜요!'라는 문구를 보게 되면 국민 모두가 자연환경을 더 이상 훼손하지 않고 소중하게 여겨야 한다는 책임감을 느끼고 행동에 나서게 될 거에요.

하지만 여기서 중요한 문제가 있어요. '우리나라를 위해'라는 이유로 무조건 따르라고 하면, 다양한 의견이 무시되거나, 잘못된 결정을 강요받을 수도 있죠. 국산 제품을 구매하자는 캠페인이 나쁜 건 아니에요. 국산 제품을 사면 국내 경제에 도움이 될 수도 있으니까요. 하지만 그 제품이 실제로 품질이 좋고 가성비가 뛰어난지는 따져봐야 하지 않을까요? 무조건 '국산이니까 좋아'라는 말만 믿고 구매한다면 더 좋은 선택지를 놓치게 될지도 몰라요.

애국심은 우리의 마음을 하나로 모으는 강력한 힘이에요. 하지만 그 힘을 긍정적으로 사용하려면 이성과 감정의 균형이 필요해요. 비판적인 태도로 다양한 가능성을 열어두고 어떤 주장이라도 논리적 근거를 확인해야 합니다. 이렇게 하면 애국심은 단순히 사람들을 설득하는 도구가 아니라 우리 사회를 더 나은 방향으로 이끄는 원동력이 될 수 있어요. 결국 애국심이 진정한 가치를 가지려면 그 감정을 현명하게 다루는 우리의 태도가 중요하답니다.

나라 없는 백성 없다

국가와 국민이 서로에게 필수적이라는 점을 강조하는 속담으로, 개인의 삶과 번영은 국가의 안정과 보호 속에서 가능하며 나라가 없다면 국민도 온전한 삶을 영위할 수 없다는 뜻을 담고 있습니다. 이 속담은 국가를 위하고 애국심을 발휘하는 것이 곧 자신의 삶을 지키는 것임을 설득력 있게 보여줍니다. 따라서 이 문장은 국가적 위기나 단합이 필요한 상황에서 국민에게 애국심을 고취하기 위한 강력한 메시지로 사용될 수 있습니다.

지금 바로 전화 주세요, 주문 폭주 중!
- 이익에의 호소 Appeal to Personal Gain

안녕하세요, 여러분!

지금 이 방송 보시는 분들, 진짜 대박 기회를 잡으신 겁니다! 오늘 저희가 준비한 이 상품은 그야말로 가성비 끝판왕! 남성 팬티 열 장 세트입니다! 지금부터 끝까지 집중해서 보세요. 오늘 이 기회, 놓치시면 정말 후회하실 겁니다!

아, 제가 너무 마음이 급했나 봐요. 다시 인사드리겠습니다. 저는 여러분께 최고의 상품을 소개해 드리는 쇼호스트 김준혁입니다. 오늘은 여러분께 특별히 더 자신 있게 추천드릴 상품을 가지고 왔는데요. 제가 개인적으로 사용해 보고 '와, 이건 정말 방송에서 소개해야겠다!'라고 생각한 제품이에요. 그러니까 오늘 끝까지 채널 고정하시고 저와 함께해 주세요!

그런데 요즘 날씨 참 애매하지 않나요? 낮에는 따뜻한데, 아침저녁으로 쌀쌀하고요. 이렇게 날씨가 변덕스러우면 옷도 신경 써야 하지만, 속옷이 더 중요합니다. 특히 남성분들! 속옷은 종일 몸에 밀착되잖아요? 땀이 차거나 들러붙으면 정말 불편하죠. 그래서 제가 오늘 준비한 상품은 날씨에 상관없이 1년 내내 편안하게 입을 수 있는 팬티 세트예요.

이 팬티 세트는 그냥 팬티가 아닙니다. 열 장 세트로 구성된 초특가 상품인데요, 이게 단순히 가격만 좋은 게 아니라 품질, 착용감, 디자인까지 모두 완벽합니다! 지금부터 제가 하나씩 꼼꼼하게 설명해 드릴 테니 집중해 주세요.

여러분, 팬티는 매일매일 입으시죠? 그런데, 혹시 이거 생각해 보셨나요? 팬티는 하루 한 번, 많게는 두 번씩도 갈아입어야 해요. 매일 세탁기에 넣고 돌려야 하고, 그러다 보면 금방 해지고 늘어나고, 허리 밴드는 슬슬 힘을 잃어버리죠. 그때마다 새로 구입하려면 가격이 생각보다 만만치 않으실 겁니다.

하지만 오늘 이 방송 보신 분들은 진짜 운이 좋으신 겁니다. 품질 좋고 디자인 훌륭한 이 팬티 열 장이 단돈 39,900원! 어머,

계산 좀 해볼까요? 한 장에 3,990원! 커피 한 잔도 안 되는 가격으로 이런 고품질의 팬티를 살 수 있다고요? 와, 이건 정말 말도 안 되는 가격이에요! 어디 가서 이런 팬티 사시려면 한 장에 15,000원은 할 겁니다! 그러니 지금 이 방송을 놓치신다면 진짜 후회하실 거예요.

아, 가격이 너무 저렴해서 품질이 걱정되신다고요? 여기 보시죠. 순면 100%! 만져보는 순간 다르다 싶으실 거예요. 피부에 닿는 순간 부드러움이 퍼지는데요. 면 100%라 여름에는 시원하고 겨울에는 포근하답니다. 피부가 예민한 분들도 걱정하지 마세요! 다시 한번 말씀드리지만 순면 100%입니다!

여러분, 요즘 팬티는 디자인도 중요한 거 아시나요? 안 보이는 곳까지 신경 쓰는 게 진짜 멋쟁이! 그래서 저희가 무려 다섯 가지 컬러로 준비했어요. 기본 중의 기본인 블랙, 세련된 네이비, 심플한 그레이, 깔끔한 화이트, 그리고 고급스러운 포인트 컬러 와인까지! 여러분, 이런 컬러감 어디서 보셨나요? 출근할 때, 운동할 때, 심지어 중요한 날에도 자신 있게 입으세요.

그리고, 여러분! 여기 허리 밴드 좀 보세요. 요즘 시중에 나오는 팬티들, 밴드가 너무 헐겁거나 반대로 너무 꽉 조여서 불편하셨죠? 저도 그런 경험 많아요. 그런데 이 팬티는요, 탄력 있는 밴드로 허리를 딱 잡아주면서도 종일 입고 있어도 편안해요!

아침부터 저녁까지 활동이 많아도 찝찝하거나 불편함이 제로!
이건 진짜 남성분들 필수 아이템입니다.

여러분! 이렇게 품질 좋고 디자인 훌륭한 팬티 열 장을 모두
다 드립니다. 가격은? 다시 한번 말씀드릴게요. 39,900원! 그런
데 잠깐, 여기서 끝이 아닙니다! 지금 방송 중에 구매하시는 분
들께는요, 저희가 특별 사은품도 준비했습니다. 바로 고급 양말
세트 두 켤레를 추가로 드려요! 팬티 열 장에 양말까지? 이게 말
이 되나요? 이건 진짜 방송 중에만 가능한 혜택입니다. 이 가격,
이 구성! 여러분, 망설일 이유가 없습니다. 방송 끝나면 이 혜택
다 사라집니다. 지금 바로 전화 주세요! 주문 폭주 중입니다!

왜 이익을 앞세우면 설득이 쉬워질까?

이익에의 호소라는 말을 들으면 뭔가 어려운 것처럼 느껴질
수도 있어요. 하지만 실은 우리 일상에서 늘 사용하는 아주 흔
한 설득 방법이랍니다. 간단히 말해 '이렇게 하면 너한테 이런
좋은 점이 있어!'라고 상대방이 얻을 수 있는 이익을 강조하는
거예요. 사람들은 보통 자기에게 이득이 되는 일에 귀가 솔깃해

지니까요. 친구가 "이 간식 내가 너한테 줄 테니 나중에 숙제 좀 도와줘!"라고 말하면 어때요? 간식을 얻는 이익이 보이니까 친구 말을 따라주고 싶어지죠. 엄마가 "숙제 다 끝내면 게임 시간 더 줄게!"라고 하실 때도 마찬가지예요. 숙제는 귀찮지만 게임 시간이 늘어나는 이익이 더 크니까 얼른 숙제를 끝내고 싶어지 잖아요. 이게 바로 이익에의 호소랍니다.

이 방법은 친구나 가족과 대화할 때도 아주 유용해요. 동생이 게임기를 독차지하고 있다면 "둘이 하면 악당을 더 빨리 무찌를 수 있지 않을까? 내 캐릭터도 네가 고르게 해줄게!"라고 말해보세요. 그러면 동생이 "그럼 같이 하자!"라고 할 가능성이 훨씬 높아져요. 이익을 나누면서 대화하면 서로 기분도 좋아지고 다툼 없이 문제를 해결할 수 있답니다.

홈쇼핑에서는 이 방법이 더더욱 강력하게 쓰여요. 쇼호스트가 "이 불고기 세트를 사면, 한 번 먹을 때마다 2,000원도 안 들어요!"라고 말하면 소비자는 '어? 진짜 싸네? 이걸 안 사면 내가 손해인 것 같아!'라고 느끼게 되죠. 게다가 "지금 주문하시면 주방용품 세트를 덤으로 드립니다!"와 같은 말이 추가되면 더더욱 혹하게 되면서 사람들은 자신도 모르게 마음이 움직이곤 해요.

이익에의 호소를 제대로 쓰려면 상대방의 입장에서 생각하는 연습이 필요해요. 내가 아무리 '이건 진짜 대단한 이익이야!'

라고 생각해도 상대방이 공감하지 못하면 소용이 없어요. 축구를 좋아하는 친구에게 "이 채소를 먹으면 피부가 좋아진대!"라고 말하면 설득이 힘들겠죠? 대신 "이 채소를 먹으면 힘이 나서 축구를 더 잘할 수 있대!"라고 말한다면 훨씬 더 효과적일 거예요.

하지만 이 방법을 잘못 쓰면 큰 문제가 생길 수도 있어요. 예를 들어, 홈쇼핑에서 "이 매트리스를 주문하시면 고급 베개 세트를 무료로 드립니다!"라고 홍보했다고 해요. 사람들은 매트리스도 사고, 고급 베개까지 받을 생각에 솔깃해서 주문을 했죠. 그런데 막상 배송된 상자를 열어보니 얇고 합성섬유로 대충 만든 싸구려였다면 "이게 뭐야? 광고에서 말한 '고급'이 이 정도였어?"라며 실망이 이만저만이 아니겠죠. 아무리 "이번엔 진짜 특별한 혜택을 드립니다!"라고 광고를 해도 소비자들은 관심조차 가지지 않을 거예요. 홈쇼핑에 대한 신뢰는 바닥으로 떨어지고, 고객들은 등을 돌리게 되겠죠. 이익에의 호소는 소비자의 기대를 충족시키는 데 성공해야만 진정한 설득력을 가질 수 있어요. 한 번 잃은 신뢰는 다시 쌓기가 어렵기 때문에 약속한 이익이 실제로 이루어질 수 있도록 정직하고 책임 있게 행동하는 것이 무엇보다 중요합니다!

이익에의 호소는 마치 서로 좋은 걸 나누는 교환 같아요. 내가 제안하는 이익이 상대방에게도 진짜로 매력적이라면 더 좋은 대화와 결과를 만들 수 있어요. 오늘부터는 주변 사람들을 설득할 때 '이건 너한테 이런 점이 좋아!'라고 이익을 강조해 보세요. 물론 진실하고 정직하게요. 그러면 여러분도 훌륭한 설득 전문가가 될 수 있을 거예요!

이은경쌤이 뽑은 한마디

감언이설(甘言利說)
달콤한 말과 이익을 내세워 상대를 설득하려는 태도를 뜻합니다. 이는 '이익에의 호소'와 밀접하게 연결되는데 상대의 욕망을 자극하는 유리한 조건과 듣기 좋은 말을 통해 판단력을 흐리게 만드는 방식이기 때문입니다. 이 설득 방법은 겉보기에는 합리적이고 이익이 있어 보이지만, 실제로는 진실성이나 도덕적 가치를 무시한 채 단기적인 이득에 초점을 맞춰 자신의 이익을 지키는 데 실패하거나 더 큰 손실을 입을 가능성이 큽니다.

📎 더 알아보기

호소는 설득의 기술과 논리적 전략에서 중요한 역할을 합니다. 권위, 감정, 공포, 애국심, 이익에 호소하는 기존의 방법 외에도 설득력을 높이고 다양한 방식으로 사람들의 마음을 움직이는 여러 방식이 있는데요. 한번 살펴볼까요?

1. 동정에의 호소 Appeal to Sympathy

동정심을 자극하여 상대방의 결정을 유도하는 방식입니다. "저는 어릴 때 부모님이 돌아가셨습니다. 저를 도와주시지 않으면 더 이상 기댈 곳이 없습니다"라는 이야기는 상대방의 연민을 이끌어 냅니다. 앞서 다룬 '감정에의 호소'의 한 가지 형태에 속합니다.

2. 전통에의 호소 Appeal to Tradition

과거의 관습이나 전통을 근거로 삼아 설득하는 방식입니다. "우리는 이 방식을 100년 동안 써왔습니다"라는 논리는 전통의 권위를 빌려 주장을 강화합니다. 또 다른 예로

"우리 설렁탕 집은 50년 전 할머니께 전수받은 특별한 비법 육수를 사용합니다"라는 홍보 문구 역시 전통을 유지하려는 설득에 사용됩니다.

3. 새로움에의 호소 Appeal to Novelty

무언가가 새롭거나 혁신적이라는 점을 강조하여 설득하는 방식입니다. 신제품 발표회에 "이 휴대폰에는 최신 기술이 장착되어 있습니다"라거나 "이전에 없던 혁신적인 기능"이라는 문구를 사용하는 것 역시 소비자들의 관심을 끌기 위해 새로움에 호소하는 방식입니다.

4. 희망에의 호소 Appeal to Hope

사람들에게 긍정적인 미래를 보여주며 설득하는 방식입니다. "이 기부 프로그램에 참여하면 여러분의 인생이 바뀔 겁니다" 혹은 "이 교육 프로그램으로 여러분은 꿈의 직업에 한 발 더 가까워질 것입니다"라는 설명이 이에 해당합니다.

5. 권리에의 호소 Appeal to Rights

개인의 권리를 강조하여 상대방이 행동하도록 독려하는 방식입니다. "여러분은 회사의 부당한 요구에 거절할 권리가 있습니다"라는 주장은 정당한 권리를 상기시킵니다. 노동조합에서 근로자의 휴식권을 요구할 때 흔히 사용되는 방법입니다.

6. 정의에의 호소Appeal to Justice

공정성과 정의를 강조하여 도덕적 책임감을 자극하는 방식입니다. "장애인 차별은 옳시 못한 일입니다. 모든 사람은 평등한 대우를 받아야 합니다"라든가 "우리는 정의를 위해 행동해야 합니다" 같은 주장이 여기에 해당합니다.

7. 경제성에의 호소Appeal to Economy

비용 효율성과 경제적 이점을 내세워 설득하는 방식입니다. 예를 들어 "전기 요금을 절약할 수 있는 에너지 효율 1등급 세탁기"라는 광고가 경제성을 기반으로 설득하는 대표적인 사례입니다.

8. 경험에의 호소Appeal to Experience

과거의 개인적 경험이나 성공 사례를 강조하여 신뢰를 쌓는 방식입니다. "제가 이 방법을 통해 성공했으니, 당신도 같은 결과를 얻을 수 있습니다"라는 설명이 이에 해당합니다.

9. 자연에의 호소 Appeal to Nature

무언가가 자연스럽거나 자연 상태와 일치한다고 강조하며 설득하는 방식입니다. 대표적으로 친환경 화장품 브랜드가 화학 성분 없이 자연 그대로의 재료만 사용한다고 홍보하는 내용을 들 수 있습니다.

이러한 호소 방식들은 기존의 설득 기법들과 조화를 이루며 우리의 의사소통 능력을 확장하고 문제를 다양한 관점에서 접근할 수 있도록 돕습니다. 각각의 호소는 상황과 청중의 특성에 따라 적절히 활용될 수 있으며 복잡한 논의를 단순화하고 명확히 전달하는 데 중요한 역할을 합니다. 호소는 단순한 표현 기술을 넘어 효과적인 소통과 문제 해결의 핵심 도구가 됩니다.

Forest of Logic

생각의 뿌리를 깊고 단단하게 만드는 34가지 이야기 씨앗

논리의 숲

초판 1쇄 발행 2025년 2월 12일
초판 2쇄 발행 2025년 2월 17일

지은이 이은경
펴낸이 김선준

편집이사 서선행
책임편집 임나리 **편집1팀** 이주영, 천혜진
디자인 김세민 **표지·본문 일러스트** Nal
마케팅팀 권두리, 이진규, 신동빈
홍보팀 조아란, 장태수, 이은정, 권희, 박미정, 조문정, 이건희, 박지훈, 송수연
경영관리팀 송현주, 권송이, 윤이경, 정수연

펴낸곳 ㈜콘텐츠그룹 포레스트
출판 등록 2021년 4월 16일 제2021-000079호
주소 서울 영등포구 여의대로 108 파크원타워1, 28층
전화 02) 332-5855 **팩스** 070) 4170-4865
홈페이지 www.forestbooks.co.kr
종이 ㈜월드페이퍼 **출력·인쇄·후가공** 더블비 **제본** 책공감

ISBN 979-11-94530-07-7 (43170)

㈜콘텐츠그룹 포레스트는 독자 여러분의 책에 관한 아이디어와 원고 투고를 기다리고 있습니다. 책 출간을 원하시는 분은 이메일 writer@forestbooks.co.kr로 간단한 개요와 취지, 연락처 등을 보내주세요. '독자의 꿈이 이뤄지는 숲, 포레스트'에서 작가의 꿈을 이루세요.